書香
尋蹤遊

民國作家
在法蘭西

綠騎士　著

商務印書館

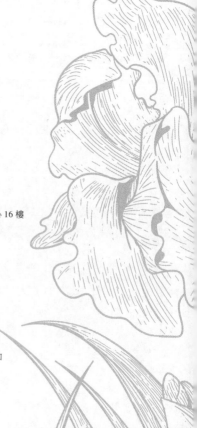

書香尋蹤遊 —— 民國作家在法蘭西

作　　者	綠騎士
責任編輯	王卓穎
封面設計	涂　慧　張　毅
版式設計	高　毅
出　　版	商務印書館（香港）有限公司 香港筲箕灣耀興道 3 號東滙廣場 8 樓 http://www.commercialpress.com.hk
發　　行	香港聯合書刊物流有限公司 香港新界荃灣德士古道 220-248 號荃灣工業中心 16 樓
印　　刷	美雅印刷製本有限公司 九龍觀塘榮業街 6 號海濱工業大廈 4 樓 A
版　　次	2021 年 11 月第 1 版第 1 次印刷 © 2021 商務印書館（香港）有限公司 ISBN 978 962 07 4622 2 Printed in Hong Kong

作家蹤跡示意地圖

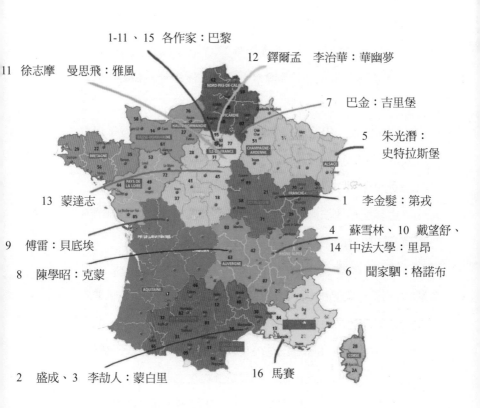

1-11、15　各作家：巴黎

12　鐸爾孟　李治華：華幽夢

11　徐志摩　曼思飛：雅風

7　巴金：吉里堡

5　朱光潛：
　　史特拉斯堡

13　蒙達志

1　李金髮：第戎

4　蘇雪林、10　戴望舒、
14　中法大學：里昂

9　傅雷：貝底埃

8　陳學昭：克蒙

6　聞家駟：格諾布

2　盛成、3　李劼人：蒙白里

16　馬賽

留在溫暖的腳印裏

潘耀明

（世界華文旅遊文學聯會會長、《明報月刊》總編輯）

近年我與一批文友在推廣旅遊文學，於二〇〇五年在香港成立「世界華文旅遊文學聯會」，每兩年一度舉辦世界華文旅遊文學國際學術研討會，已舉辦了七屆。

重馨是長住法國巴黎的香港作家、畫家，也是世界華文旅遊文學聯會的副理事長，參加過二、三屆研討會。

我們「聯會」的宗旨很簡明：「遨遊山水之間，把足跡變成字跡，保存歷史變遷中每一刻的文明與精神。」側重於文化之旅，把文化足跡變成文字，讓文化人之間傳閱、讀者分享，這是我們共同的心願。如果能通過旅遊進行更深層次的思考，是文化之旅的提升，這是劉再復強調的。

綜讀重馨的《書香尋蹤遊》，一縷縷濃郁的書香氣撲鼻而來，像馥郁的法國咖啡，醇然而悠長。重馨是一個有心人，她不惜長途跋涉，去尋訪中國文化人在法國的行蹤。我們所熟悉的巴金、李金髮、戴望舒、朱光潛、李劼人、傅雷、

蘇雪林等知名文化人的法國萍蹤行履，一一躍然於紙上。

早年學生時代，就特別喜歡巴金的作品，幾乎把他的作品都通讀一遍。讀罷他的第一部長篇小說《滅亡》，心潮起伏，徹夜難眠。深感那個年代的青年人，眼下世道太險，前途太黯，縱有凌雲壯志，也無從伸展，猶如飛蛾撲火，只有滅亡。巴金是中國第一代赴法的留學生，這部寫於巴金負笈法國期間的作品，是巴金創作的里程碑，舉足輕重。

為此，重馨特別跑到巴黎東面約九十公里一個倚山臨河的小古城。在這個寓言童話大師拉封丹（Jean de La Fontaine）出生的小古城，去探尋一九二七年二十三歲的李堯棠在這裏讀書、寫作的遺跡。可惜由於年代久遠、人事皆非。他筆下那慈母似聲音的古然夫人與她老伴，連同墓地已湮沒在歲月的荒涼中。

「當年巴金寄出《滅亡》的郵局已拆掉了。他買那些練習簿是在哪一間文具店？橋頭上那間他為校長夫人和小姐生日時買花的花店仍在。」重馨寫道。不管怎樣，古然夫人已隨同巴金筆下的文字，復活在讀者的心間。

還幸，重馨在那邊遇到一位歷史研究家，更是拉封丹中學的英語老師，他曾與一位巴金研究專家共同編輯巴金紀念冊。這說明日月嬗變，人事滄桑，巴金歷經歲月長河流淌的沖洗，仍然活在小城的記憶中。

　　只舉上面一例，以概其餘。重馨處處履痕，用樸實的文字，為我們敲開一道道歲月冰封、歷史塵封的重門疊戶，去慰藉那一顆顆疲乏於現代社會浮躁、倥傯的心。

　　走筆至此，我想起巴金的一句話：「我唯一的心願是：化作泥土，留在人們溫暖的腳印裏。」重馨正是踏着這些文化人的腳印，力圖去拭掉塵封在歲月裏的文人足跡，並重現昔日那一顆顆溫暖躍動的赤子之心。

　　　　　　　　　　　　二〇二一年六月二十一日

·❊ 前言 ❊·

　　中國第一代留學生赴法，是東西文化交流一個重要關鍵，對中國現代文學的發展影響深遠。

　　本書中訪介法蘭西一些重要的「中國文化景點」，以二、三十年代首批赴法的中國學子為主。在這段動盪的時代，如此特別的遠行對這些青年的發展往往是重要的踏腳石或轉捩點，有些成為了歷史性的作家。文中大部分資料是從各人的作品與書信中直接收集，為了更深入了解和捕捉他們的心靈發展歷程，更特別詳細遊訪各人所到之處。一面觀察風景文物，一面探討背後深藏的文史意義，和與現代的相連。「正須千騎覓」，無論是實質或心靈的遊歷，都學習良多，而每有發現都無比高興。

　　當我踏着一些心儀作家的年輕足跡，常是十分震撼。像是沿着無形地雕鏤了在歷史中的步履，隱約穿越時間去接近放異彩的心靈。一個世紀來，城市郊野自有許多改變，像是不留痕，其實隱隱地散開深遠的光芒。這些青年在這兒吸收到新的文化養分，與本身的修為從衝擊到相融。他們亦將中國文化種子散落了在西方，在遙遙兩地分別育成的花果，越

過了百多年、千萬里，進入了無數人心。是的，很多重要的東西，肉眼都看不見。地因人而有了靈魂，而許多人，本身都是一份燦爛的風景。這是多奇異的「人地緣」！

當年這些青年，從動盪的中國來到兩次大戰間的歐洲。有一點使人特別感動的是，際遇和體會雖很不同，但都有一些共通處：思鄉苦，瀰漫着「明月何時照我還」的牽念。而在艱困環境中，像醞釀中的星雲，非常努力和堅毅。像是都被「人生在勤，不索何獲」的意念推動。真是不經一番寒徹骨，怎得梅花撲鼻香。他們回國後，幹出了一番大事業，但在沉痛的時代雷電旋風中，好些受盡各種折磨，生活波濤洶湧。相比下，年輕時在異國的艱難都微不足道。所以，不少人憶述居法歲月時，都說是一生中最美好的日子。他們留下了，也帶走了，回想中永遠的青春。

筆者嘗試通過既廣亦細的地理與歷史資料，配以個人觀察，重現這個年代的一份份文史肖像。希望與對中西文學交流有興趣的人士和大、中學生分享。此外，旅遊在現代人生活中佔了重要的地位，許多人已不再滿足於觀賞景物，反而尋求認識一個地域的文化內涵。本書是法國深度遊的一個特別的文學伴侶，最適合愛好文學的旅人。

衷心感謝：商務印書館悉心製作、耀明兄在百忙中贈此序言、老朋友余海寧費了許多精力收集資料、作為司機和攝影的老伴 Jacques 無比耐心。還有獲得不少朋友與陌生人的支持，好些意外的相遇相知，都是一段段沁滿書香與人情的愉悅旅途。

·❦ 目錄 ❦·

1. 此書章節依各作家抵法先後次序編排。
2. 外文人名及地名很多時無統一翻譯，我常用自己的譯法。

1

李金髮

生命似詩迷濛

生命路程都是由繁複的意象、無由的片段組成，這不就是一首晦澀迷濛的詩嗎？

李淑良（1900—1976）在客家梅縣出生長大，十七歲時去了香港學英文，辛勤地建立了良好的基礎。翌年夏天到上海考私立復旦，入南洋公學留法預備班。然後，一九一九年，「有四小同鄉，可以一同破釜沉舟。」與一羣他形容為「烏合之眾」的留學生一起，乘「安德烈，策蓬號」到馬賽。

他被譽為「詩怪」，以前聽到「李金髮」這個奇異不羈的筆名，就常想像一個吊兒郎當、不循正軌、放浪形骸的名士派。原來他在法國時生活嚴謹，有時更是很保守。例如西方的藝術品，傳統上無論繪畫或雕塑，都很多裸體人物，但他看得不順眼，覺得色情。不少美院同學吊兒郎當放浪任性，他都極不以為然，敬而遠之，自己非常勤奮埋頭苦幹。藝術文學兩棲，特別吸引我。

楓丹白露滄海桑田

如果我們追隨李金髮在法國的足跡，將會踏到不少別有風味的地點。

他首先與五六十人一起，到楓丹白露（Fontainebleau）一間中學學習法文。這個古城在巴黎西南約八十公里，周圍是一個二萬五千多頃的森林。林中有山石削壁，是郊遊和攀

石運動勝地。還可找到貝殼化石，因為千萬年前曾是海洋呢，真是滄海桑田。

李記憶道：「附近大森林，可以步行數小時不見天日……給我們休憩的去處，給我們沉思留戀。」更提到「畫家米勒（Millet）不朽之作《晚鐘》和《拾穗人》就是在附近的巴比松（Barbizon）畫的。」

楓丹白露的靈魂是那座宏偉的堡壘，滿是輝煌與淒厲交織的故事。李簡稱它為「拿宮」，因為拿破崙在此留下了沉痛的痕跡。最刻銘人心的，無疑是一八一四年四月四日，這位一代梟雄大勢已去，在闊大前院的階台上，向軍隊作最後道別。遙遙使人想到項羽烏江自刎的哀絕，真是自古成敗轉頭空。今天，這些滲滿歷史喘息的石塊都是遊客「到此一遊」的拍照背景，熱鬧一氣，踏着的都是暗啞的光華灰燼。當年最吸引中國同學們注意力的則是如李所說：「宮側中國博物館，古物無疑是八國聯軍搶來，我們看了都眼紅。」

這一年間，他們住在大兵營似的宿舍中，飲食不錯，天天有肉，校長夫人還教他們跳舞。可是，「教法文的老師指手畫腳，有如對牛彈琴……沒有教師指導，全靠一本中法字典自己不斷的去摸索。因為有了英文底子還較易了解，漸漸的可以看都德的《小東西》和福樓拜的《保法利夫人》。」聰明加上努力，那時那個仍是名叫李淑良的年輕留學生漸漸鋪着前路。李的家境相當寬裕，支持他在外國求學。他雖是隨勤工儉學生羣而來，卻根本沒有勤工過，但儉學倒是千真萬確。

小城樂土

一年後校長去世，他的兒子去法國東境福治（Voges）山脈上的布魯耶爾（Bruyère）小城任中學校長，李和幾個同學也跟着去了。

我們在九月初來到，樹木已漸轉金。

李在這兒停留了只是半年，鄉鎮生活雖簡單，但校長每晚為他們解說古典戲劇名著，他覺得得益不少，並已開始寫詩，《微雨》詩集中〈下午〉一首是在此寫成，詩之樹已悄悄抽新芽。到了夏天，為了進一步學習專業知識，他與林風眠一起轉了去第戎（Dijon）國立美術學院。

我們離開布城，兩個半小時的車程，越過了起伏的小山田野，便抵達了這個勃民第省的省城，在巴黎東南三百里。一七六五年便成立的美術學院立在市中心歷史區米雪利街三號（3 Rue Michelet），附近有兩間教堂。走過美院古老的大門前時，鐘聲正朗朗在空氣中迴蕩。學生羣中，想像當年兩個東方學子夾雜其中。

李金髮說：「這個城市從來沒有中國人。街上，人們都以好奇的眼光來看我們。」更說：「中國人被他們認為是『戴禽獸之冠』的『化外頑民』。」不過又說：「使我們最高興的是男女同學不少，向我們問長問短，我做了臨時發言人。」問的全是關於這個遙遠古國的事，他形容為「有如民俗演講」。可見他的法語程度已相當不錯。他從授受不親的國度

出來，被圍在「唧唧如小鳥」的眾香國裏，他說自己難免有神魂不定之概了。

兩人被邀參加了個大規模的化妝舞會，人們挖空心思扮各種角色。他們只需穿上從箱底翻出來的湖綢夾布衣，在異國已是現成的化妝了，他自己形容為在大家眼中像「一對骨董」。想像其情景，使人莞爾。他們竟也參與古典宮廷舞，在音樂與香檳間，興致盎然地玩到凌晨五時，大嘗異鄉情調的滋味。城中多是寬裕的中產階級，他們與法國同學往還不少，有些更請他們回家，「款待的誠懇，無以力之」。相信都嘗過當地馳名的勃艮第酒、酒蘊芥末、香料餅和黑加侖子醬等了。

家中的錢一票一票匯來，他仍很節儉不花費，但生活還是很舒適的。閒時到城中熱鬧的「紅帽街」逛。又常與三五女同學相伴，去小城四周風景優美、無際的葡萄園間寫生。回憶中他說是「畢生最快慰無牽掛的歲月」。

本可樂不思蜀的，但他和老友林風眠都感到學業荒疏。學校「很吊兒郎當。所謂上課沒有形式，只是一羣人圍着模特兒亂畫一通，談談笑笑。」這種情況，不免使這些遠道前來，苦心取經的學子失望。他倆決定轉到巴黎，一九二一年終於進入了巴黎國立高等美術學院，真正的奇異旅程終於開始了。但這先前兩年都沒有白花，人生每一步都會埋下了以後發展的種子，每個階段都會留痕，像一張畫的底色。

我們每次到第戎，在回巴黎的途上，都愛繞到西北約四十公里鄉間的「塞納河」。在山丘溫柔起伏的田野間，一

片清幽草地上，山穴中有個半臥的女神雕像，守着從地底冒出來的新泉，柔聲輕氣細細流。怎能預料這荊釵裙布的小河會漸漸成為傾國傾城的大川，淘盡千古風流人物。

金髮女神

塞納河流過田野村鎮，來到首都，流到美術學院大門前，幻想李氏乘着波流到來，現實當然沒有這麼幽美。他在這兒近四年的歲月，踏着苦惱抑鬱的土壤，但無疑也是他生命中花開燦爛的季節，他連名字都是在這時改的。他解釋說：「不是有金色的頭髮而是一個夢的結果。」一九二二年夏天，他沒去度假，每天除了去博物館，都日以繼地夜看小說，托爾斯泰、羅曼·羅蘭讀了一大堆。回憶道：「看到神經衰弱都不知。」有一天去散步時眩暈，相信中了暑，跟着幾天昏昏迷迷，夢見一個白衣金髮的女神帶他遨遊空中，一連幾天直至病好。他覺得是上天救命，故用此名作紀念。

他每週都到盧森堡博物館參觀展覽，第一次見到美麗的石像即有意從事雕刻，認為「藝術是歷史的結晶，值得一生努力。」他在布謝教授門下學雕塑，死下苦工。一般都是上午在課堂畫模特兒，致力炭畫、速寫和素描，下午在雕塑室練習泥塑，更經常將黏土帶回拉丁區他居住的小旅館中練習。每擠得出時間便到蒙柏納斯大道的「自由畫室」去繪畫

人體，並經常到大街上進行速寫基本功的訓練。因為勤勉刻苦，他進步很快，建立了紮實的技巧。

一九二二年，他把一件雕塑送去沙龍參展，是第一件中國人入選的作品，在圈子中轟動一時，對他自然也是極大鼓舞。但他的性格幽默，常常自嘲，老是說「自己中選是評批員眼睛出了毛病。」

放肆的美院

讓我們來到美術學院，在一束窄舊的街道中，佔地二公頃有多的校舍，一邊臨河。經過轉折的歷史，一八一七年美院成立，遙繼以前皇家藝專的傳統，學院內最古老的建築是八角形的小教堂、牆上有大壁畫的演講室、古式古香的大圖書館……不過學生們最多流連的無疑是「桑院」了。這個庭院不很大，是學校中唯一種滿花草的地方。在迴廊中，在大桑樹下，在小小的噴水池旁，不少人夾着畫板從速寫室出來，有手上和髮上仍沾着石膏粉末的雕塑系學生。李金髮當年就是這樣吧！

曾有人認為，巴黎霉爛的生活使到他的作品也染上資本階級的頹廢，這是非常錯誤的看法。他雖受到家中經濟支持，卻生活得十分儉樸。在紙醉金迷的花都中，他過着如苦行僧的日子。在《我的巴黎藝術行活》中，他回憶道：

「那時我的生活真簡單，一天食兩餐，花六毛錢，早餐也不常食，衣服冬夏皆是一套黑嘩幾」，「沒有女朋友，沒有中外諸色人的交際，沒有人保護（那時只是一個二十一歲的孩子），沒有人指導，全是自己死用功，自己摸索，沒有物質的享受」。美院風氣十分自由散漫，着重個人特性，「在我們東方人看來，簡直不像學校。」他數次形容自己比起當地放任的學生是「年少老成」。

一百年後，我剛從紳士淑女式的港大來到美院，自以為相當瀟灑，其實非常小巫。所以，和這位先輩一樣，被美院一些風氣嚇得目定口呆。最煩惱是上廁所，法國很多地方男女同廁，這並不要緊，只是更常將男性用的便盤設在進口處。即是要鼓起勇氣越過正在方便的男同學才能到達內處有門的廁座，門上毫不例外畫滿性器官與粗話，更有好些被人有意穿開的偷窺小洞，要預帶紙團塞閉。

我每天上午去素描室，從裸體模特兒身上捕捉線條。有次有一位女同學忽然脫得清光讓大家畫她的胴體，相信是覺得不被欣賞實太可惜了。漸漸也覺得自己小題大做，人體本來就不必有這許多的隱蔽顧忌。不過，每年春季一次的「四藝舞會」，以越夜越放肆馳名，就如李前輩，沒有膽量去參加。他說「後來想想，為觀風閱俗起見，應該去參加一次，以廣見見聞，今日悔之晚矣。」讀到他的記述，不時引起會心大笑。

特異的明珠

————— ❦ —————

他嫌美院教授方式疏懶，主要是自己去美術館觀摩，而且他與西方浪蕩的學生風氣格格不入，所以不斷要處理各種矛盾。他看不慣四周的放任作風，很是激憤。尤其討厭玩新生的惡劣風氣，便特別請教授寫信，避過了此災。他與外界的浮華隔絕，亦完全沒有接觸有政治傾向的中國留學生。由周恩來、趙世炎、蔡和森等領導的各種沸沸騰騰的政治運動，他都沒有參與。他是一個詩人，不是一個革命家。

旅居的孤寂中他寫了一首懷念母親的詩，滿載童年經歷和鄉土記憶。詩中他一再詢問母親：「你還記得否／父親泛海／如渡小川／常說志在四方的男兒／他給你多少幽怨」。遠方遊子夢魂縈繞那山多地瘠的故鄉梅縣，那裏「有木刻的黑馬／恐怖着牧人的鞭兒／更有牛兒和家兔／在山後呆立」。

他十八歲時與童養媳朱亞鳳結婚，因為自小青梅竹馬，感情融洽，過了一段短暫的甜蜜日子他便出國了。一九二二年，她去世的消息傳來，對他是一個大打擊。其實他有三幾摯友的，尤其與同鄉林風眠志趣相投，「我們是形影不離的好朋友」。林在巴黎旅館的時候李包辦為他剪頭髮，林單戀鬧自殺李又為之開解，但生命就是這麼不可測，回國後林任美術院長時兩人竟鬧翻。

他迷失在異國文化邊緣，精神領域像困在一個透明的蚌殼中，浸在頹唐和青少年時期凝下的消沉裏，卻終於形成

了一顆特異的明珠。對於外面的世界，他在《文藝生活的回憶》說：「那時因多看人道主義及左傾的讀物，漸漸感到人類社會罪惡太多，不免有憤世嫉俗的氣味」。但醜惡的現實沒有把他推向積極抗爭的道路，而是「漸漸的喜歡頹廢派的作品，波德萊爾的《惡之花》，以及魏爾侖的詩集」。這些作品的抑鬱和晦澀，醜與美的矛盾相依，立刻引起他強烈的共鳴。「看得手不釋卷，於是逐漸醉心象徵派的作風。」其實是通過醜惡追尋美。

因為生活儉樸，他的主要娛樂是每週到博物館觀看藝術品和埋頭讀書。日積月累，建立了厚實的藝術和文學知識。那年代的繪畫國度中，表現主義強烈表達內心的風格，已替代了印象派的表面描繪，對於接近藝術的李應有不少影響。「與鮮血之急流，枯骨之沉睡」，「黑夜與蚊蟲聯步徐來……狂呼在我清白之耳後，如荒野狂風怒號……」，以及他的雕塑習作如《未腐之先》和《耶穌》等都是人類在苦楚中呻吟，使人心悸。他用詭異的意象和扭曲的語句來寄託自己的痛苦、絕望和悲觀。雕塑與詩作同出一轍，正可反映他此時的精神狀態，他的第一本詩集《微雨》就主要寫於這一時期。

為幸福而歌成泡沫

一九二二年冬，在極大的苦悶之中，為了改變一下環境，他與林風眠、林文錚等結伴到柏林遊學。在這兒，他完成了第二本詩集《食客與凶年》。在〈自跋〉中，他說對中西詩「試為溝通，或即調和之意」。他的文字有明顯歐化的筆觸，但他的詩中反覆出現的意象，如江河、舟子、紅葉、斜陽等等，都透着傳統情懷。詩稿寄回中國，周作人大為激賞，稱讚他的詩是「國內所無，別開生面」的作品，並將這兩本書推薦給北新書局（此兩書先後於一九二五和一九二七年出版）。

李在柏林認識了履妲（Gerta Scheuermann）。這位德國少女擅長繪畫，二人志趣相投，為他帶來一段幸福浪漫的時光，並觸發了他新的靈感，寫下了不少溫柔的情詩。一九二四年初，兩人在巴黎南郊一小鎮結婚。同年夏，這對新人一起到法國北海岸的聖凡拉利（Saint Valérie en Caux）避暑，留下了美麗的回憶。「漁霧時我們常常散步到堤的盡頭，談着笑着，直到海風砭人肌骨才興盡回去。」對這小城，他說：「我曾在你瘦瘠的懷中，做過美滿的綺夢。」這段甜蜜日子，催生了他的第三本詩集《為幸福而歌》。但這對小情人的溫馨時光其實相當短暫。才幾年後，一起回到中國不久，一九三〇年秋，履妲帶着五歲的兒子李明心回德國，一去不回。兩年後正式離婚，自此天各一方。

人們經歷難料的苦楚，地亦經歷難料的劫難。十七年後，李讀到聖凡拉利被轟炸得體無完膚的新聞報導時，無限感傷。

我們在一個初夏的黃昏來到海邊，見到這個被炸毀了百分之七十的小鎮，放眼都是大戰後重建的淡灰色屋宇。岸邊仍可見到逃過浩劫重修的「亨利一世」大宅，陽光明麗、碧波鱗閃、小燈塔、海鷗迴轉，一片閒適。正如李的筆下形容：「潮漲時才能游泳，潮落的時候，是一塊多碎石的淺渚。」石灘上許多散步的小家庭，亦多雙雙情侶，彷彿見到他倆的影子，更想到李的詩句：「……溫暖的你 / 在我冰冷的懷裏……但脣兒愈接愈近 / 僅稍停氣息 / 便聽到兩處的心琴。」多溫美的人間好時光，像會天長地久。大海看慣了人間苦樂離合，刻骨銘心也不過會成為浪的泡沫。

被炸毀了百分之七十的小鎮，都是大戰後重建的屋宇。

岸邊仍可見到逃過浩劫重修的「亨利一世」大宅。

生命之詩晦澀

李氏多年努力，雕塑技藝已爐火純青，回國後創作了幾十件名人雕像，如孫中山、蔣介石、伍廷芳等。精準地把握到人物的精神氣質和性格特徵，具有相當大的歷史價值，可被視為中國現代雕塑藝術的開拓者之一。回國後歷任杭州國立藝術學院雕塑系主任和廣州美術學院校長。

中國傳統詩溫柔敦厚，而「五四」後詩風多是或寫實或浪漫。李氏扭曲晦澀的文字，無疑是石破驚天的怪胎，引起了激烈的爭端，直到四十年代，都存在於毀譽參半中，但褒貶雙方都承認李詩是中國新詩壇的一支異軍。可是，在五十至七十年代，他的「頹廢」更從文學傾向被揪上極左的政治刑場，被徹底否定。正如許定銘說：「在長達三十年的時間裏，整整一代人幾乎完全不知道這位曾經開創了現代中國一個新詩派的詩人。不單在中國大陸沒有人知道李金髮，即使在香港、台灣及海外，知道及研究李金髮的人少之又少。」直到八十年代改革開放的「新時期」，才被北大教授孫玉石與新文學史家王遙等重新定位，像從泥坑中淘出珍寶。而陳厚完成了《死神脣邊的笑 —— 李金髮傳》（1996）和《李金髮回憶錄》（1998）。四川文藝出版社出版了《李金髮全編》（2020），都是新的肯定。

他的詩雖特異，回憶文字平實中往往帶着自嘲意味及幽默感，毫無驕氣。「答瘂弦二十問」中亦如是。四十年代後

期，李氏多次出任外交使節，終於遠去美國東岸開設農場，在長島逝世。

從偏遠山區一個少年，成為中國象徵詩派的起源人，又是雕塑家。他不但創作了數量可觀的小說、散文和詩，而且還從事了大量翻譯。不過，留下最深痕跡的是那短短幾年間寫成的三本詩集。難免使人想到蘭波的創作期也是在年輕時，很短暫，而都是影響深遠，一切都如此不可預料。讓我們細味「生命便是死神脣邊的笑」，人生確是一首晦澀的迷濛詩。

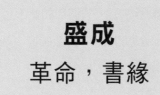

2

盛成

革命，書緣

從「辛亥革命三童子」之一，到受頒「法蘭西榮譽軍團騎士勳章」，盛成（1899—1996）一生充滿傳奇，有人認為簡直是本偵探小說。

一九一九年底，盛成登上了「勒蘇斯」號郵輪。他回憶道：「熱淚橫流，喊着：『母親，我去了！再見吧，祖國！』」。他懸念着蘇州儀興老家中孤苦堅毅的母親，同時又懷滿革命激情和科學救國的理想。他說：「那時我過的是社會運動演員的生活，差不多日夜在鬥爭之中，與軍閥、偵緝隊、賣國賊、賣日貨的小商人對抗。」是的，才二十歲，他已是個經驗豐富的社會戰士。他十一歲時便隨兄長盛白沙一起秘密加入同盟會。十二歲參加光復南京的戰役，被孫中山接見，然後輾轉求學，終於拜於佛、儒學大師歐陽竟無的門下。十五歲，考入上海震旦大學讀法語預科。三年後，進了長辛店京漢鐵路車務所任職。早在此時，他已將對母親的深情，寫下了《盛氏母範》的初稿。「五四」巨潮中，與北大學生同進退，火燒趙家樓等，被推舉為鐵路工會的代表。沸騰着理想，他踏實地在陌生的國度爭取知識。

他到法國時正值勤工儉學運動的艱難期。他在巴黎市和近郊哥倫埠的「華法教育會」落足，這兒有人滿之患，不但屋裏不夠地方，連在臨時搭的布棚中也要睡地板，等候牀位。工作空缺僧多粥少，輪不到他，既無法勤工，更別奢望儉學了。

詩城萬多門

然後他得到兄長資助,到法國中部小城萬多門（Vendôme）,進龍沙中學念法文和數學。那兒是法國「詩祖」龍沙（Pierre de Ronsard）的出生地。他提到「那樂爾河曲曲悠悠洗去了我不少無端的惆悵……這河直穿中學,分全校為兩部,分河東和河西,花園佔四分之三。」環境十分幽美。「校長與校監,視中國學生和法國學生無異同,管理至嚴。」那是間很有名堂的學府,大文豪巴爾扎克曾在此攻讀七年,大門前立了他的銅像。

我們每次來此城探朋友,經過這座已改作市政廳和大花園的建築,都會想到盛成在此求學,歷次積極參加維護留法學生合法權益的鬥爭。

錢用盡了,他便只得跑回巴黎找工作。只見新來的中國同學比以前更多,他在火車站附近的木廠找到了份雜工的職位。第一天,疲倦得倒在牀上,「飯也不想去吃,連大小便也懶得起來去解。」不過他仍是咬着牙挺下去,而且每晚還專讀馬克思和克魯泡特金等的社會學說叢書。他主要想學蠶桑,申請到蒙白里（Montpellier）農專,便開始了在法國南部七年多的學生生涯。

陽光蒙白里

　　那時他的法文程度不足夠，他回憶說，每月兩次的農工教學報告弄得他好苦，可是明顯地他很快克服了語言的難關。雖然有過很苦悶的時刻，但也結識了幾個法國好友，對他很關照，使他感到「像是在一個有父母姊弟愛護的海外家庭之間。」

　　我們很多年前來過蒙白里一次，今年八月舊地重遊。這個省會，是朗道克（Lanquedoc Roussillon）區的經濟文化中心，近數十年的發展越來越蓬勃。現在各所高等學府有學生七萬多人，城中洋溢着青春氣息，文化和體育活動繁密，更是極具冒險性的「極端運動」的重要據點。來到蒙城地標彼露廣場（Place de Pérou）。兩層的古老水橋運水進城，偌大的廣場上四面是修直的樹排，很有氣派。城中心鵝卵形的戲劇廣場是人們聚會留連的中心，鎮着古式古香的歌劇院。學生們放暑假去了，到處是遊客。咖啡座上與一位中年女士閒聊起來，她是來回顧大學生活的，無限懷戀當年怎樣常與同學相約於三女神的雕像附近。這個源自十三世紀的大學城，百多年來都無大變化，定會有盛成和當年好些中國學生的足影。

　　盛成在南部的這些年間，從農專到大學，從攻讀到實習，不斷進出於學府與工廠、育蠶場、農莊、紡紗廠、絲廠之間，亦曾到意大利北部蠶場做工和學習。同時，他加入許

些團體如「國際社會同盟」、「社會研究社」等。為了一些重要社會事件，終日奔波，到處演講，參加萬人大集會，為土耳其、敍利亞、中國等受壓迫的人民作聲援。

他一直實踐孫中山先生「革命不忘讀書，讀書不忘革命」的當面教誨，在繁忙的學業間，積極參加社會活動。為此，他的足跡遍至許些南方大城，且亦不斷來往巴黎。那個時代正是「達達狂年」，盛成極受這個以「破壞即創造」、全面反叛傳統價值的運動所吸引。他在巴黎時常到蒙柏拿斯和蒙馬特兩區「達達」大本營的咖啡館參加活動，以及認識了畢加索、阿波連里爾、海明威等正初露頭角的世紀大師，極大影響了他的思想發展。一九二〇年三月，他先加入法國社會黨，繼而與社會黨左派領袖一起創建法國共產黨，並擔任法共南方地區朗道克省省委書記。

蒙白里老水橋運水進城。

蠍子與漁港

盛成在獲得碩士後便到蒙白里以西約三十公里的漁港城塞特（Sète），在海洋生物試驗所預備博士論文。我們離開了蒙白里便駛向此城。塞特夾在海與礁湖之間，頗有些「宛在水中央」的情味。長長的細沙灘，自是又吸引了無數遊人。這是個重要的漁港，港內停滿新型的大漁船。「風起了，要努力生活……」海風中像是飄着這句詩。這是與盛成結了奇異書緣的大詩人瓦乃理（Paul Valéry）在〈海員墳場〉中的名句。他一八七一年在這兒出生，深愛此城，現在除了有他的博物館，更有無數機構都以他命名。

這些南方城市像要盡量享受生命，總有許多名堂的節日。我們到達大運河邊時見到擠得人山人海，原來這麼巧，這天是八月廿五，正遇到慕名已久的聖路易節！「水上比力」是一項沿自十字軍東征的古老競技，岸邊擠得水泄不通，河上一艘艘多人同划的船隊擦肩而過，有點兒像我們的爬龍舟，不過船端立着手持長戟的比武者，將對船人擊落水中時引起喧天嘩嘩。我們在堤上的酒吧喝杯白酒，嘗鮮炸墨魚餅，享受了當地的節日。

盛成的博士論文題目是〈蠍子的男精分殖法和女精分殖法〉，其實他最有興趣的是活生生的動物社會學。在地中海氣候下，這兒郊野十分乾瘠，長着橄欖樹，尖尖如巨人的紫杉和松樹等。沙多草短的地上石縫間頑強地冒長着各式香

草，也有許多毒蛇和蠍子。盛成敍述自己如何漫山遍野地去捕捉蠍子，載滿盒子袋子，回到實驗室便把牠們放出來做實驗，觀察牠們的行為形態。得了自由的蠍子到處走，有次刺傷了看門人的女兒！他更帶着蠍子到高山上和其他城市做實驗，曾經在火車上，牠們逃了出來，嚇得乘客們狂呼！他就是那麼熱忱地埋頭研究，其實從動物社會學已進入了人類社會學。

火車站，思母情

有一次盛成在蒙白里的火車站上，見到一個長着鬍子的人，他一眼便認出是在蒙白里大學任教，如日中天的保羅・瓦乃理。他滿臉憂傷，原來他的母親剛逝世，他正在塞特辦理完山上安葬喪事。他痛苦的神情使盛成很激動，「大詩人又如何？死了母親，還不是同我們一樣的哭？」又想起了自己的母親，雖然社會地位差天共地，但他寫了封信給瓦乃理。「……親喪是萬國的親喪，心苦是人類的心苦。因此我以一個勤工儉學生，來安慰翰林學士……」之後，他又繼續與蠍子為伍。這位名重全國的詩人定是很受感動，不擺架子，回了這無名學子一封信。後來盛成回想：「不料這封信，就是我生命的轉機。」

盛成獲得博士學位後便離開南方，臨別時，多年來社會

運動的親密戰友們都依依不捨。他受羅曼‧羅蘭邀請去瑞士參加「萬國婦女和平自由促進會」，終於與這位通信神交已七年的大師會面，更認識了法國一些社會運動健將。

他再到巴黎時袋中有博士文憑，但只有三十法郎。羅曼‧羅蘭的妹妹送錢給他，他不肯收。法國友人盛意招呼他每天兩餐，他不好意思，寧願捱着空肚子在城中到處逛。「有時走在飯店門前，看看雞子、鴨子、大魚、燻肉，我也就看飽了……餓肚子是勤工儉學生的常事。」這是他很困難的一段時期，他每天都去華僑協社看中文書，與友人談勤工儉學種種往事。他一面逛巴黎的名勝古跡，亦不忘關心淪落人。他記述如何聆聽一個妓女談她的可憐身世，並鼓勵她「自治」，以能「立地成佛」。

然後，一九二八年三月六日，他在巴黎大學第一堂講課時是以「比較蠶桑學」博士的身份，但講的卻是他真正醉心的「易學」，以科學方法演「易」。引言的主題是「天下殊途同歸」，到會者眾。除了幾所高等學府的學生，還有一些知名人物、大學教授、漢學家、公使館長、外交人員等，受到熱烈讚賞。

書緣

他在巴黎一間小旅館中完成了《我的母親》之稿，但是寄了去好多間出版社，兩個多月都是石沉大海。法國友人鼓勵他接觸瓦乃理。那次在火車站上與瓦乃理相逢後的通信，扭轉了盛成的命運。他去信大詩人，告之關於母親之書已完稿。這位伯樂胸懷開放，熱誠接待這無名小子，也真是機緣，兩人相談十分投契。瓦乃理閱稿後深為感動，被視為「一字如珠，一語如玉」的他，竟替這個寂寂無名的外國青年寫了篇洋洋灑灑長十六頁的序言，說：「拿一位最可愛與最柔和的母親，來在全人類底面前，做全民族的代表，可算極奇特且極有正誼的理想，如何使人不神昏顛倒心搖情動若山崩呢？」立刻，如靈符般，門打開了。終於，此書由亞庭智（Éditions Attinger）出版社出版。原來這位大詩人對當時一些中國留學生如梁宗岱等都十分友善。

書的首頁印着他母親的肖像，下面有她常說的「救苦人」。封面寫着獻與「世界上的婦女」以及「慈母與兒童」。他希望「這本書成為『餓肚子底朋友，痛苦者的知音』」。

我先是讀了中文版，再找法文版，市面上已無處可覓，幸好我在國立藏書庫中尋到。盛成對母親的感情深入肺腑。母親郭汝功幼年喪母，三十九歲便守寡，辛苦持家，將三子三女培養成人。長子盛白沙更於二三年在汕頭海上殉義，「受盡社會苦辣酸鹹，好多年不曾餐過一飽，終日在債裏度

日子⋯⋯苦人與苦人相愛，饑者與饑者攜手。」母親無條件的愛，沐透了他艱苦的成長歲月。書中貫穿着親情這種世界共鳴的語言，他寫出一個破落的封建家庭的經歷，亦敍述了從鴉片戰爭以來半個多世紀中國的苦難、深厚傳統價值和對新生的信念。不過，個人覺得，他寫母親與家事那些章節，感情深摯，非常動人，但是間插着一章章歷史事跡，雖說是背景，但與個人經歷無融會接涵。從文學角度來說，並不理想。但當時的西方人對中國文化和近代史仍很陌生，連大詩人瓦乃理也像發現新大陸般興奮。如果不是由他拔刀相助，這本書可能連面世的機會都沒有。一出版後，西方報刊紛紛給予高度評介。該書還得到一些政要和著名作家讚賞，一時間盛成譽滿法蘭西。

盛成的思想言行與當時極親蘇共的法國共產黨存在很多分歧，終於他從政治轉向學術研究。在學業、工作、社會運動、文學間忙碌不已的盛成，竟也有空體驗了好幾段熱情洋溢的戀愛，不過結局都是悵然分手。蠶桑與蝨子間的這段年輕歲月，他心懷家國，又積極投入當地社會。十年法國辛勤路，贏得豐才伴盛名。

三十年後故人來

盛成在一九三〇年回國後歷任北京大學、中山大學等大學教授。抗戰期間從戎，任十九路軍政治主任，並參與台兒莊戰役，更成為民國高層人物。一九四七年去台灣十八載，很不如意；再去了美國，亦不能適應。一九六六年，他重到心中的第二故鄉，南下雅芬儂（Avignon）兩年。

「雅芬濃／橋上夢／旋轉起舞／旋轉起舞樂融融……」還未來到河邊便聽到播音器在空氣中傳開熟悉的調子。十二世紀的橋早已斷了，剩了四道橋拱，和小小的聖尼古拉教堂。無數遊客都要踏上這道在歌中永恆的橋。城中有一道相當完整的古城牆，圍着一座座名勝古跡。最重要的莫如龐然的教皇宮了，十四世紀時曾有兩任天主教教宗居此，是全歐洲最大的哥德式建築，現已成為了重要的文化中心。

來到這個陽光普照的城市，已經六十多歲的盛成辛勤地追補已忘的法語，要自己「每天記一百個生字」。使埋了在歲月沙石中的法語出土重生。但歷盡滄桑的心情自然是不同了。

兩年後他回巴黎時正遇到翻天覆地的六八年五月學運。他當然是站在學生一邊，反傳統求改革。跟着約十年間，他主要是留在法國，在巴黎十四區的住宅中開設教授易經的課。這期間，他應聯合國教科文的約請，把文學名著劉鄂的《老殘遊記》譯成法文出版。

落葉歸根

一九七八年他終於重回祖國，在北京語言學院安頓下來。之後又兩次重遊法蘭西，一九九五年那次是應邀到塞特參與「瓦乃理年」的慶典。畫家朋友陳建中憶述盛成曾到訪他在蒙馬特的畫室，並贈詩集，其中錄下了他一九六六至七九年的作品。這詩集是一九九五年蒙百里中國電影節為他出版的，同時他的事跡被傳媒廣泛報導。此書來到我手上，能欣賞到盛成以優美法文記敍他的遊蹤與感懷。

閻純德教授是他在北京語言學院的鄰居，因同是與法國淵源深厚，十分相投，寫了數篇關於盛成的文章。在〈木槿花開憶盛成〉中，說很少年輕人知道這位集作家、詩人、翻譯家、語言學家於一身的國際著名學者，並形容他：「有非常好的生活習慣……每日看書和趕寫自己的學術著作。」一九八五年，法國密特朗總統授予盛成「法蘭西榮譽軍團騎士勳章」，以表彰他對中法文化交流所做出的突出貢獻。

他經歷了近百年的歷史風雨，留下豐富的作品，有紀實文學、詩集、論述和大量翻譯。他是一個深情的人，坎坷的一生中，對國對家對人對物都無比熱忱，以刻苦鬥志和過人精力投入社會，像是心中永遠有個朝陽。

一九九六年盛成逝世，遺囑是將骨灰葬在故鄉儀興青山母親的墓旁，九十七歲高齡仍是母親的孩子。

3

李劼人

死水微瀾

從革命到文學，李劼人（1981—1962）都非常活躍。

這位被郭沫若譽為「中國的左拉」的作家李劼人，其代表作《死水微瀾》，多年來被遺忘，被稱為民國文學「失蹤之作」。此書深受《包法利夫人》影響，受到巴金、馬悅然、王朔、曹聚仁、司馬長風、劉再復等強烈讚許。李氏在法五年，留下深刻痕跡。

從成都到花都

李劼人祖籍湖北黃陂，一八九一年生於四川華陽（今屬成都），度過窮困的童年和青少年。十四歲時父親去世後，作為獨子的他便負起了當家的責任。他本名李家祥，自改為李劼人。劼，有勤奮謹慎的意思，可見他的自我期許。中學畢業即進《川報》工作，二十一歲開始創作小說。他見證母親楊氏大家族的衰落，在官場任職廿二個月時看透黑暗腐敗，經歷了辛亥革命的歷史風暴，都成為他筆下的題材。他揭露和諷刺現實的弊端，六年間發表短篇小說百多篇。「五四」時期，李劼人利用在《川報》的工作，將新文化的火炬傳遍巴山蜀水。

一九一九年，他的中學同學，已留學法國的周大玄和李璜來信邀他前往巴黎，參加他們那個業務繁忙的通訊社。他勉強湊夠旅費，在與自小青梅竹馬的姑表妹楊叔捃結婚之後

八天便起程，與向警予等同船。

　　他到巴黎通訊社上班，那是中國第一所在外國設立的新聞機構，目的是不必靠外國通訊社獲得國際新聞。可是，一九二一年該社停辦。由於李氏在四川文化界已有名聲，便靠給國內報刊翻譯、寫稿為生。同年春天，他正在華工總會編輯《華工週刊》時，忽然急性盲腸炎，接着又是腹膜炎和膀胱炎，進醫院兩個多月。對於醫院是免費的，他非常訝異，而受到的周詳照護使他十分感動，都在《同情》這小冊子中記錄下來。終於痊癒了，但出院時變成一副骨頭架子，淨重三十二公斤。他憶述有一次從盧森堡公園出來，要過車流洶湧的闊大馬路。有一對上了年紀的女士看見他孱弱的樣子，特別找警員來攙扶他過路。他還記下了好些陌生人熱情相助的事，都使他十分心暖。然後依醫生囑咐，必須到郊外療養，他便到阿爾卑斯山上一個小城拉密爾，找朋友王璐。那兒不但空氣清新，生活費用低，更可在當地中學好好學習法文。他說另一個很大的收穫是：「深入認識了法國基層農工的真正面貌和品德，因而也明白了法國在強鄰侵略之下，屢跌屢起的真正力量。」他沒有提供該小城的法文原名，單憑譯音無法猜到。阿爾卑斯山脈跨越法、瑞、意、德國等歐洲國家，海拔四千八百多米的白峯在法國境內，山區風景雄偉，不但吸引許多遊人，更是休養和治療的好地方。

精神美食與家鄉菜

然後他南下到地中海邊的蒙白里，與周大玄夫婦和近十個四川學生合住同一幢樓。大學特別為外國人辦了一個文學補習班，對他最合適不過。他在此城從一九二一年十月住到一九二四年二月，在此建立了他的法語和文學基礎。

當時留學生都不習慣外國食物，更為了節儉和省時，辦起集體的大鍋伙食，一切都自己動手。他在家時已從母親處觀摩有素，學得一手好廚藝。在巴黎的時候，諸友每週末聚合開四川大食會，都是由李和周輪流下廚，李劼人的廚藝名聲也在留學生中不脛而走，被尊為大師傅。據李璜的回憶，聚餐痛飲之後，「各出所吟詩詞或繪畫，交相品評，一時標為文藝沙龍」。關於吃，李劼人曾花了不少筆墨，形容捱了好久西餐之後大吃一頓美味中餐的深刻印象。畢竟精神食糧之外，吞進口腹的飯菜是治懷鄉病的最有效良藥。到了這個外省城市，他仍常為同學效勞，煮出洋溢家鄉風味的菜式。可是，他的生活很苦，試過國內稿費不到，不得不節食，有時候窮到只有錢買條法式長麵包，切成若干段，到饑不可忍時，用冷水泡着吃一份。

當時的勤工儉學生中不同黨派鬥爭劇烈，兩邊的領袖中，都有李的同鄉好友。在巴黎時他盡量避免參加，到了蒙白里，他和周大玄也拒絕李璜等的號召，不參加他們在德國辦的國家主義組織。他潛心學習法國文學和翻譯，受自然派

影響很深，論文題目為〈法國自然主義以後的小說〉。

其實他正與盛成同期在蒙白里求學，那兒的中國大學生寥寥可數，雖然不同學系，照理沒可能不認識，但從這兩位的文字中都不見提到對方，相信沒有很多往來。蒙城風貌，在盛成一文中已有描述，在此不再重覆。只是補充一點：蒙白里與成都，在一九八一年成為中法第一次建立的「雙子城」，蒙白里市立檔案館中藏有李的護照副本。近四十年來兩城有密切的文化和科技交流，蒙市有些中小學設有中文課，而在成都則開辦了蒙百里學校。蒙市以「極端運動」馳名，成都也有舉辦「極端運動節」，此外蒙市大學亦有中醫課程等等。蒙市市長在發言中曾表示，對於百年前已有中國留學生到此城求學深以為榮。

大學城

在《散文隨筆》中，李劼人論及法人對於性教育的態度、高等教育、歸田運動等與當時社會風氣緊連的題材，亦談到巴黎的大學城，是個很值得一遊的所在。巴黎各高等學府分散城中，這個國際大學城，其實是大學宿舍。在城南，有RER（Réseau Express Régional）快車、電車、地鐵站，交通非常方便。在寸金尺土的首都，有這麼一個環境優美如郊野公園的學生宿舍，是二十年代初大戰後，基於對和平期望而

成立的烏托邦，向學生提供廉價且衞生的居住環境。

李劼人到來時只有一所宿舍。現在，三十四公頃的巨大園林中立着四十座「國家樓」，建築風格各多表現出該國的特色，有些更不時有文化表演，可接待五千六百多來自一百四十多個國家的學生。在學生宿舍荒的巴黎，成功申請住進來的是幸運兒。

對於亞洲學生，除了最早期便建立的日本館和東南亞館，有較後的柬埔寨館和二〇一七年開幕的南韓館。吳冠中在《留學時代》中談及他一九四六年到法國留學時，對於這兒竟沒中國館很是憤怒，據說建館經費被貪污掉了。現任清華大學建築設計研究院副總建築師的朱曉東曾在其著作《巴黎國際大學城 —— 誕生於理想的建築博覽館》中寫道，「世界上幾乎所有大國都在這裏建起與其相對應的宿舍樓，唯缺中國和蘇聯。」這也是我們朋友間多年來感到困擾的問題。

二〇一六年，望眼欲穿，建立中國樓的消息出來了。最近前去，在六月濃綠樹蔭中，喜見宏偉的大樓已漸軒昂成形。毫不走紅牆綠瓦式的表面東方路線，而是風格簡潔，意念源自福建土樓，將傳統與現代含蓄地融合。圓樓中間有個大花園，以懸空走廊互連。與貼鄰那間以巨型亞拉伯字作外牆裝飾的突尼西亞館大異其趣。這宏大的「和園」，有三百間房，屋頂花園有田徑路，可遠眺。除了中國學生，也會收百分之三十外國學生，以符合國際大學城的人文精神。

烏托邦從來都被掌握在現實的五指關下，各國建築都與政治局勢關連，不在話下。無論如何，來此散步是非常愉快

中國館建築工程進行中，貼鄰突尼西亞館。

中國館「和園」的建築通告。

的，像走進個微型聯合國。莊麗的「國際館」主樓是個綜合活動中心，裏面更常有豐富的文化節目。花樹掩映下很多人閒坐野餐，不免想起當年一對香港同學在此舉行草地上的婚宴。新郎牛仔褲，新娘赤足齊膝白裙子，我們一羣窮學生賓客送點心叉燒包作賀禮……數十年來，這兒承載過無數來自世界各地的青春夢。

臨別巴黎 —— 凡爾賽和歌劇院

回說李劼人，一九二四年春他返回巴黎大學，同年暑假便要回國。雖然曾受物質貧乏之苦，但亦深嘗愉快的經歷，只是經濟實在無法再支持下去。他離開時依依不捨。在巴黎的最後一天，李璜的大姐李碧芸招呼他，並說不可辜負這天。於是決定了上午陪他去凡爾賽宮，很難得正逢上噴泉大水表演日。晚上去歌劇院看歌劇。凡爾賽宮和巴黎歌劇院，金碧輝煌，各自載着輾轉的歷史。

他描述這天怎樣一早便到達了巴黎西郊十多公里的凡爾賽城，先參觀了宏偉華麗的皇宮。但李並不諱言，對於那些巨畫並不大感興趣，因為不認識其上展現的歷史事跡、戰役和皇室人物。在園中散步時，見到林中有一隊四十多人的平民樂隊在演奏，樹木掩映下別有風味。這種悠悠的民生，他覺得無比愉快。

然後噴泉開始噴水了。到了今天，凡爾賽的噴泉大水，仍是最吸引遊人的焦點。路易十四極為着重噴池，工程師絞盡腦汁，終從十里外的塞納河將水運過來。勞民傷財的浩大工程，只為了取悅一個人，難免使人想到君權的可怕。今天則是將水池中的水循環使用。從主宮後面平台上放眼望去，是修葺整齊如一塊塊巨大翠綠地毯的草坪，伴着中央阿波羅驅着八匹駿馬的水池，延到遠處，法式園林的平衡氣勢發揮盡至。園中大大小小共三百多座水池，很多噴泉上都有雕塑，與沁滿七情六慾的希臘神話緊密相連，沉默地凝在時間中。巴洛克音樂響起，有如魔術棒一點，水柱似半透明的舞者，弧線交織，有此起彼落，有層層疊疊，濺起的水花有似驚濤，有如煙如霧。李劫人被壯麗的景象懾着，說：「十幾股水柱噴到三丈多高……噴水之美觀，我簡直無法形容。」

　　李的回憶文中有提到廣闊後園中的名勝，但因怕太遠，他們沒有去，其實很值得一遊。除大小特安農（Trianon）兩座小行宮，最特別的是一座鄉間小村式的皇后別墅，讓她在華麗的皇宮中住厭了時來過過「農村生活」。還有帝園、后林、英式園林、柱迴廊、參天古樹、遼闊稻田等。

　　凡爾賽皇宮裏的各大室，御書房、鏡廊、歌劇院等等都金碧輝煌。但是，對於這全歐洲其中一個最重要的皇宮，每論如何溢滿皇者氣派，我總無法撥開隱約彌蓋着它的淒厲陰影。皇宮前面的大廣場上高高立着太陽皇帝路易十四的雕像，他有如法國乾隆皇，國家興盛了多年，直到倒了十八輩子霉的路易十六。皇帝寢室和皇后寢室，華麗的牀上都是厚

凡爾賽主宮後面的法式園林。

重鏤金的帳帷，房中無一寸空間不是佈滿繁複裝飾，使人氣

都透不過來，睡在這兒，夢也會被塞得重重。這還不要緊，

而是老是想到有兩個無頭人，到處尋找被砍掉的腦袋。路易

十六和皇后瑪麗安東烈真是生不逢辰，遇上這個虎口年代。

他雖不是明君，但比他昏庸的皇帝多的是，都沒有成為萬矢

之的的罪魁禍首。皇后瑪麗安東烈更不幸，母親是武則天似的

奧地利瑪莉德蘭絲皇后，有十六個子女，都用作棋子，與歐

洲各皇室通婚以鞏固勢力。瑪麗安東烈十四歲半時便被嫁到

舉目無親、你虞我詐的法國深宮。革命羣眾指責她揮霍無

度，其實那時代有誰個皇后不奢侈？總之，血淋淋的法國大

革命，是歷史大輪輾路時一個無情的步驟。今天我們可以在

皇宮遊玩，其實遠源於此。使人夢想，怎樣能有不使無辜者流血的革命？叫人目眩的噴泉舞，像淚河的輪迴。

人生如歌劇

─────── ❧❦❧ ───────

李劼人在凡爾賽噴泉遊之後，晚上到國立歌劇院觀賞歌劇《浮士德》。這兒又稱加尼葉宮（Palais Garnier），沿自建築師之名，是法國最高歌劇院。李說在此曾有一位通中國文學的歌劇院經理，「曾將李白之長干行譯為韻語，在此院演出，備受法人之歡迎。」對於劇院內佈置之輝煌精美，他覺得「真可謂並世無兩」。但對於法國人上歌劇院的態度，他覺得「過於慎重其事」，提出兩例：「工作人員都穿大禮服，連女侍者都穿白圍裙，戴白色花紗巾，如對大賓」，「頭等觀眾座位男必禮服，女必袒胸晚裝。次等些的也都衣冠端整，不然會引起眾人矚目。」這樣隆而重之，對他來說很是滑稽「以致覺得使人笑絕。」想必是與當時在中國觀劇的情況大為迥異。不過，這種衣香檳影的盛裝情景，現在只會在首演禮上見到。平日去觀劇的人衣着都很輕鬆，T恤牛仔褲都常見，尤其是近年來法國人已不流行結領帶，更是隨便了。

不過，加尼爾宮並不因此而減弱了它的氣派。它位於最繁盛的商業區，但是高貴而毫不俗氣。車流人群洶湧間，有如一個雍雅的奇異島。這座以巴羅克為主要風格的建築，彩

色雲石柱構成平衡線條，頂端一左一右兩組金銅雕像《和諧》和《詩》，像一對閃耀奪目的翼子。中央銅綠圓頂高處，阿波羅高舉金亮的里拉琴，插入雲端，不但俊美，同時也是避雷針呢。走近去，建築物正門前的大階梯上總是坐滿世界各地前來的遊人。拾級而上，一列圓拱門之間四座浮雕分別代表詩、樂器、舞蹈和詩劇。舉頭望高處，音樂家如貝多芬、莫扎特、羅西尼等的浮雕頭像，守護着這個旋律聖地。這兒曾經是無數著名音樂家或舞蹈家演出過的場所，如果遙遠唐代詩人的長干行確是曾在這歐洲心魂地點演出，多麼奇妙。

舞台底有各種為佈景技術而設的機器房，最底層有個大水庫。原來建築地基時發現了沁滿水的沙地，便採了這個方法使地基穩固，而且萬一火災時可作救火之用，消防員常來練習潛水。萊浩（Gaston Leroux）一九一〇年出版了《歌劇院魅鬼》，故事中這兒成為了「魅鬼」居住的陰森地底湖。這本小說風靡一時，直到今日，無數次被搬上電影、電視、歌劇等等。很多來歌劇院的人都要去看看一樓那個五號包廂，因為故事中是魅鬼指名特訂的地方。

大噴泉與歌劇院替李劼人在法國的四年零十個月劃上結號。他非常喜愛這個國家，在回憶錄中屢提到，自己與朋友怎樣多次受到過路的陌生人幫忙，他很感動於法國人民，尤其是基層人民的善良可愛。不過又說看穿所謂文明國家下的烏煙瘴氣，資本主義救不了國。

死水微瀾

李劼人回國後，先任川報主編，後任教於成都大學，又轉進實業界，然後遠離江湖，在成都近郊他的「菱窠」裏閉門讀書寫作。到一九三七年，他完成了大河小說三部曲：《死水微瀾》、《暴風雨前》及《大波》，反映了從甲午戰爭到辛亥革命十幾年間四川的社會風貌和歷史。

《死水微瀾》講述大時代風雲中，市井小人物鄧么姑與三個男人愛恨情仇的一生。她率性與潑辣，曾說：「人生一輩子，這樣狂蕩歡喜下子，死了也值得」，外表與包法利夫人迥異，其實內裏精神很接近。這本書「甫一出版，轟動一時」，可是後來再不見流傳。

一九三九年，李劼人參與成立全國文藝界抗戰協會成都分會及任理事，又任《筆陣》主編等職。解放後，李劼人任成都第二副市長、全國人民代表大會代表等職。參加了政治學習，替三部曲，尤其是後二部加了大量革命活動史料，接近報告文學。可能是漸被遺忘的原因之一吧。

不過近年有了改變，尤其得到故鄉的重視。自一九八七年起《死水微瀾》被搬上電視拍成連續劇，跟着被改編為話劇、川劇、京劇、以至芭蕾舞、及在故居成立了個人紀念館。而且他的作品逐漸獲得應有的評價和重視，二〇一一年，四州文學出版社出版了他的全集。溫晉儀的法譯本，一九八一年由著名的伽利瑪出版社出版。她稱李劼人的作品

是中國現代文學中「中西影響相融合的一個範例」。溫是我中學兼大學的師姐，難得在巴黎相遇，共享友誼多年。她研究女性文學，亦熱衷收集剪紙，歎英年早逝。讀她的翻譯，難免多一份感情。

4

蘇雪林
葡萄園的抑鬱

溫馨葡萄園

中學時讀到蘇雪林（1897—1999）在法國採葡萄一文。

一九二四年的夏天和初秋，她都是在里昂附近香本尼鄉下度過，借住一間女子學校。假期中，校裏只有一位六十歲上下的校長苟理夫人和一位女教員。正是收穫季節，大家一同到村中威尼先生的莊園去幫忙收摘，就在學校後面不遠處。天剛亮，沿路都碰到去採葡萄的人。蘇把秋天描述得充滿色彩，「天色藍豔豔的似一片清的海水；近處黃的栗樹紅的楓，高高下下的蒼松翠柏，並在一處，化為斑斕的古錦。」還有「有水晶般的白葡萄，有瑪瑙般的紫葡萄。」她那時有意學習繪畫，難免對顏色特別敏感。一面採摘時一面還選最圓大的來吃，更有主人送來的葡萄汁與麵包，不但色香味俱全，更有聲音：「田間隴畔，笑語之聲四徹，空氣中充滿了快樂。」她回到園主家晚餐時，「那天幫忙的人，同坐一張長桌，無拘無束地喝酒談天……大家還請我唱了一個中國歌。我的唱歌，在中學校時常常是不及格的，而那晚居然博得許多掌聲。」多樸素溫馨的農家樂！

香港六十年代，普通人很少有出外旅遊的機會，何況像我這樣一個貧窮家庭的中學生？我在高樓大廈車吵塵囂中讀這篇像描寫人間仙境的文章，能不嚮往？

剪刀與籐籮

法國除了西北等幾個地區，葡萄園差不多散佈全國。各地不同的收成日期都有規定。每年初秋，很多高等學府都未開課。招聘臨時採摘工人的訊息貼滿了大學的報告板，許多學生聯羣結隊去參加。前幾年我去了東面香檳區的一個私人莊園，正如蘇筆下形容，全村都出動，加上臨時工。一望無際是矮矮的葡萄叢行列，如粗長的綠線條在大地上構成圖案，點綴着採葡萄人衣服的顏色，好一張活動的彩圖！能幻想與蘇雪林在葡萄園擦肩而過。採滿一小籃時便提去停在附近的卡車，看着如碧綠珍珠的果子迅速堆成小山，心中洋溢着高興。

不過蘇的文中完全沒有提到這其實是一件相當辛苦的工作。上午還可以，下午太陽越來越猛烈，蹲在地上不停地剪，帽子遮陽但是更熱，汗流如雨下，對於戴眼鏡、手無縛雞之力的書呆子如我並不輕鬆。不知文質纖纖的蘇為何對此隻字不提？此文是收在二八年版的《綠天》中的，是回憶之作。難道她體力過人？抑或是在現實的苦悶中，潛意識地選擇了回想最美好的片段。

到太陽下山才收工。回到農舍時四肢痠軟，疲倦得走不動，不過胃口奇佳，主人當然奉上莊上出產的美酒。正如蘇所形容，長桌邊的人都談笑不斷。「這一桌田家飯，吃得比巴黎大餐館的盛筵還痛快。」一百年後有同感。

學生時代有些朋友去了些很大規模的葡萄園，園主往往提供闊大的倉房供大家作聚歡之所，像開晚宴那樣。年輕人到底體力充沛，一天勞動後稍為休息又有精力高談高歌，竟也產生了不少葡萄緣。如果打定了捱辛苦的心理準備，會是美好經驗，以勞力換取食宿，體驗鄉間生活兼旅遊。不過這種臨時工，除了大學生，後來越來越多外地來找工作的人。此外，生意頭腦靈活的園主，更將採葡萄與法文課程安排在一起，莊園改作宿舍。本來要付工錢反然變成收學費，竟也吸引到不少外國人。

美酒田園

蘇是在里昂大學上課，現在這個大都會被很多重要的工業區圍繞，但其實一走出了這個範圍便是非常幽美的鄉間。往城西出發，越過不到十公里的平原便來到里昂丘陵，如海的葡萄園，品種豐富。若南下則會走向羅納河谷，是全法國第二大的產酒區。

蘇說：「每天享受新鮮的牛乳和雞蛋，肥碩的梨桃，香甜的果醬，鮮美的乳餅。」這氣氛百年後都沒有改變，幸好仍有這些不會被時間磨損的東西。又說：「我愛歐洲景物，因它兼有北方的爽塏和南方之溫柔，它的人民也是這樣，有強壯的體格而又有秀美的容貌，有剛毅的性質而又有活潑的

精神。」《收穫》一文結語：「我愛我的祖國，然而我在祖國中只嘗到連續不斷的『破滅』的痛苦，卻得不到一點收穫的愉快；過去的異國之夢，重談起來，是何等的教我系戀啊！」看來是她最愉快的時光。此外，她曾說「起先懊悔到法國來……但因為通過中法學院教授的講授而認識了一些作家，如十七世紀郭乃意及拉辛的悲劇，和十八世紀的盧騷、夏都白利昂描寫自然景物的散文……每每大為感動。現在她不悔了，不來怎麼能認識這些文學家的好作品呢？」

偶然與冒險

━━━━━ ⟨⟨⟨⟨⟩⟩⟩⟩ ━━━━━

其實蘇在法的時候不如意的日子居多，這與她出生成長所養成的性格自然有密切關係。她在「女子無才便是德」的封建家庭長大，自幼跟着兄弟們去私塾學了千來個字，及上過半年小學，便靠此埋頭廣閱中外書籍。她回憶中渴望上學到白熱化，不茶不飯，因家中壓抑，甚至想跳下林中深洞自殺。經過不知多少眼淚哀求才得到慈母助她終於說服了長輩，攜帶她和堂妹至省城進學。

至於到法國，卻很有點兒偶然的成分。一九二一年，她正就讀北京高等女師，在《己酉自述 ── 從兒時到現在》一文中說當時法國里大刊登招生廣告，因「同班林寶權、外交系羅振英，邀我去考，本來是玩笑性質，誰知一考都考上

了。我父親那時正在北京等差事，說道許多人想出洋都沒有機會，你現在榜上既有名，放棄可惜，遂籌了幾百元的旅費，讓我赴法」。就與那兩位同學和潘玉良等一同起程了。從放榜到成行只是短短個多月，她又完全沒有法語基礎，冒險精神其實非常強烈。她本來想到藝術之都學繪畫的，但「法語一句不會，買東西、問路都不行，如何便去藝院學畫？」只好先在中法學院學法文。兩年多三年後她才追上，終於進了國立藝專，願望以藝術為職。

痛苦中的小白花

有一次與蘇雪林「相遇」，是在諾曼第省靈素茹城（Lisieux）的卡爾默羅會修院（Carmélite）的圖書館。那時我為了進行聖德蘭的繪本插圖，專程前往這個在巴黎西北約二百里的小城尋找資料。

此城是法國第二朝聖重地。十九世紀的新拜尖庭式聖德蘭教堂宏偉地鎮在山頂。修院負責人讓我參觀平時不開放給外賓的圖書館。一八九七年，聖德蘭在廿四歲時去世。親人集合了她的筆記出版了一本自傳與靈思並行的小書，至今已被譯成五十多國語言，售出五億萬本，在宗教界影響非常深遠。在眾多蟹行文字間赫然見到方塊的《一朵小白花》，莫明地有些「他鄉遇故知」的親切感，譯者署名便是蘇雪林，

一九五〇年在香港出版。那時我不知道這位作者的事跡，亦不知她成為天主教徒的來龍去脈。

原來，抵法後她因水土不服常常生病，但最困擾她的是來自故鄉的訊息。父親病故，母親生病。家庭替她訂了婚，與素未謀面的未婚夫張寶齡的通訊中又處處衝突，她明顯地感到兩人個性不合，結婚會像投進個充滿矛盾的囚牢。她要解除婚約，但受到家庭極力反對，使她活在痛苦煎熬中。

她住在里昂一間天主教修女主辦的宿舍。有兩位女天主教徒對她如慈母一般關懷，使她深為感動，更認為中國聖賢和天主教的博愛在道德方面是相通的，終於在里昂的聖福菲爾大教堂領洗。在苦惱中，她從皈依宗教獲得精神支護。

一九二五年，學畫不到一載，正在努力以彩筆築夢的蘇雪林，便因母病及婚約，被催輟學返國。思想新進，個性堅強的這一位女子，在對母親深厚的孝愛下作出痛苦的選擇。將自己一生的幸福作祭品奉上給封建禮教。婚後也有過短暫的甜蜜時刻，但兩人性格相差太大，有如水火難容。結婚三十六年，一起生活不到四載。總之，不幸福的婚姻生活像陰霾般籠罩了她一生，她埋頭事業，以創作為翅膀，飛脫生活苦困的枷鎖。

收穫

回國後她先後在多所大學任教，於二十年代末，她已聞名全國。其中最膾炙人口的是散文集《綠天》，和自《詩經・凱風》：「棘心夭夭，母氏劬勞」取題的自傳式小說《棘心》。序中道：「我以我的血和淚，刻骨的疚心，永久的哀慕，寫成這本書，紀念我最愛的母親。」她滿胸熱血，向理想奉獻。自己生活簡樸，但在抗戰初期，將嫁妝三千元，加上十年省吃儉用的教書薪俸買了五十一兩黃金，捐獻給政府，「作為抗戰經費的小助」。

五十三歲了，她再到這個年青時尋夢的國度，為搜集關於楚辭的研究資料。但並不比第一次赴法時愉快，在巴黎，她經濟拮据，且精神狀況和身體都甚差，不到兩年便離開，應聘台灣省立師範大學教授。

浙江瑞安的家鄉，在她心中有不可磨滅的地位，成為她無數散文隨筆的泉源。收入《蘇雪林山水》中的七十多幅畫作，都是以國畫筆法描繪回憶中久別的故園，她在法國學畫的短暫時刻似乎並沒有在她的畫作中留下很多痕跡。她也從事了很多學術研究，有重要成果，其中有不少畫論，但她的畫不如她的寫作那麼受重視。

一九九九年，以一零三高齡辭世，骨灰回鄉安葬於深愛的母親墓旁。她留下的各類作品共五十餘部近千萬字，在這

國度收穫十分豐富。至於如何計算一個生命的幸福，恐怕最精準的天秤都難以衡量。

總之，小小的《收穫》一文中的葡萄園，永在我心中閃着溫柔的陽光秋色。

5

朱光潛
美的沉思，愛之城

蒙娜麗莎前的遊客羣

六十年代的中學生，誰沒有讀過朱光潛（1897—1986）的《給青年的十二封信》？他以淺易的口氣，娓娓談論讀書、靜態、動態、十字街頭、升學、選課、作文與人生等，都使人感到親切。而其中一篇〈談在盧佛爾宮的一個感想〉（現多譯為羅浮宮），特別有趣和充滿深意。

他正在蒙娜麗莎前深思時，忽被「現世紀的足音驚醒……一個法國嚮導領着一羣四五十個男的女的美國人蜂擁而來了……那班肥頸項胖乳房的人們照例露出幾種驚奇的面孔，說出幾個處處用得着的讚美形容詞，不到三分鐘又蜂擁而去……」好寫實的漫畫，百年後仍然一樣，叫人嘻哈絕倒。他從看畫的羣眾聯想到畫的作者，引申至科學進步帶來的流弊。感歎：「我們固然沒有前人的呆氣，可是我們也沒有從前人的苦心與熱情了。別的不說，就是看蒙娜麗莎也像看破爛的朝報了。」在現代科技先進的陽光下，急促的生活節奏雨露中，人性的花卉會怎樣滋長？在只求效率的大環境裏，怎樣把握自己的精神去向？一百年前，朱光潛在遊客蜂擁的蒙娜麗莎前的思考，在即食文化氾濫的今日，更加合時。他認為要「能欣賞一般人所嗤笑的呆氣和空想，能景仰不計成敗艱苦卓絕的努力。」效律當然是十分重要，但有些其他東西一樣重要。如何踏實地達到平衡？

羅浮宮是朱光潛在巴黎時常去的一個地方。在他看到

「蒙娜麗莎」之前幾年，一九一三年八月，此張受到嚴密保護的名畫竟不翼而飛。原來此畫是於十六世紀時由范思華一世「挑選入宮」的，一個意大利修畫師認為這件國寶理應回鄉，所以鋌而走險偷了去，差不多一年後才尋回。

在巴黎市中心的塞納河畔的羅浮宮二百二十多年來經歷過無數變遷，從歷代皇帝的居所，成為法國藝術珍藏的靈魂地帶。一九九三年，「大羅浮」計劃實施，為古舊擠塞的藝術堡，注進了無限新生命，成為世界三大藝術博物館之一。人們的視線焦點，都集中在羅浮宮的廣場上，那作為博物館進口的「玻璃金字塔」。它被認為是「二十世紀建築界最劇烈的爭論點」。首先，這種大規模的建築工程，通常都是經過公開比賽以選拔優勝。但是，密特朗總統竟是直接邀請貝聿銘負此重任，更是一個外國人，去為法國藝術最高殿堂塑造第二春。這反傳統的決定自然是引來爭論，「破壞環境！破壞傳統！」的抨擊響徹雲霄。

金字塔來自古埃及，是西方文化源流的象徵之一。見到貝氏在電視接受記者提問傳統與現代配合的問題，他永是彬彬有禮地微笑道：「因我原籍中國，對傳統特別尊重和敏感。」似乎把不少法國人的心贏了過來！

建築物內部十分現代化，外貌則像朱光潛當年所見到那樣，不過沒有廣場中的「玻璃金字塔」，也沒有那個熱鬧的地下商場。這亦是「大羅浮」計劃中，將藝術與臺眾拉近的一項嘗試，無疑非常成功。朱光潛年代，在館中欣賞完藏品

後，只能在室外迴廊的咖啡座歇歇，或在靜靜的河邊散步，當然沒有現在方便，但又是另一番情調。

玫瑰城

巴黎南近郊的玫瑰城（L'Haÿ-les-Roses），有一個佔地一頃半的玫瑰園，內有三千三百多品種的玫瑰。這個小城現在是相當富裕的住宅區，但當年卻是以勞動階層為主、比較便宜化的地區，是個中國留學生的小中心。

朱光潛從桐城中學，到武昌師範，至香港大學。一九二五年夏取道蘇聯赴英愛丁堡大學，後到巴黎，也曾住此。他雖獲官費，但常發不到手，經濟困難。他常寫作寄回國，一方面賺稿費作補貼，同時促進自己對各種課題作深入分析思考，正是一舉兩得。他與彭基相等人住在一個裁縫家裏，與蕭石君是很相投的好友，蕭曾為他的《談美》作校讀。徐悲鴻和劉海粟也住在此城，朱與他們不少往還。大家更常常與梁宗岱、傅雷等討論美術。有時相反的意見磨出火花，但更激發深切的思考，磨利了朱光潛研究美學的劍。這氣氛正適合對政治興趣不大的朱光潛。

花都緣

嚴肅內向的朱光潛也有激情浪漫的一面。二十歲的時候，像無數同代青年，在鄉間為了孝道，壓下心中激烈的反抗，屈服了在父母安排的盲婚之下。其實他從沒有真正接受，一直憤怒而沮喪。七年後，在上海中國公學作英語教師時，與比他年輕十歲、聰慧的女學生奚今吾暗生情愫。她是四川名紳的女兒，有大戶人家的優雅，卻很純樸。但是同年朱的妻子陳氏為他生下了一個孩子，這段默默的互相愛慕也只能悵然地埋在禮教的層巖下了。

一九二四年江浙戰爭期間，朱在百忙中匆匆回鄉，向父親提出休妻之願，被憤怒的父親逐出家門。朱痛苦地選擇了決裂（之後朱再沒有見過父親，十年後他回到桐城故鄉奔喪，哀慟欲絕。舊禮教下無數悲劇之一。）翌年他獲得庚子賠款學位。臨行前鄭重地把一張照片送給奚，題字「乙旦夏將有英倫之遊，造像贈今吾以為永念。光潛」，「永念」暗喻着沒有再重逢的希望。

一九二八年，奚到巴黎學習數學，因法國的數學很有名。朱也正從倫敦轉到巴黎，兩人竟又重逢。異國的孤寂、遠離家鄉的枷鎖、浪漫的花都，兩人志趣相投共享豐盛文化盛筵，都是適合的氣候，埋藏了三年的感情，就如巴黎春天時滿城的紫泡桐花樹，欣欣盛放。

愛之城

他倆在一九三一年雙雙轉學到史特拉斯堡。朱在此預備博士論文，奚繼續唸數學。史特拉斯堡大學大名鼎鼎，是歌德的母校，出了十八位諾貝爾獎得主。

這個處在歐洲中心地帶的大城，有史以來都是夾在鬥爭中。位於德法邊境，長期被兩國爭來奪去。天主教、基督教間有激烈衝突，語言也是大問題。現在，這個充滿矛盾的城市，被選為追求和諧的象徵，宏偉的歐洲議會宮前高高飄揚着廿八面國旗，是歐盟重要據地。城中到處是名勝古跡，經濟文化都非常蓬勃。那個千年的聖母大教堂，只有一個鐘樓，像豎起一隻手向天發誓。史城除了夏天迷人，冬天更有魅力。教堂前每年舉行的傳統聖誕節市集，聞名全歐洲。河進到城中，分成兩支，像溫柔的水臂擁抱着一個流中島。「小法國」區像艘巨大的鮮花畫舫，滿是古色古香彩色的「木筋屋」，我們在這像童話故事插圖的街道間留連忘返。這兒以前是磨坊工人、漁夫、皮革匠等等手工藝人的居所和店子，現在都成為餐館咖啡店，坐滿遊人，要嘗當地特產如酸椰菜伴香腸、醉雞、豬手等等，呷着芳香的亞爾薩斯白酒或啤酒。夏天時到處繁花盛放，七彩繽紛倒影在水中。叫人想捉抓着燦爛的季節，卻毫無辦法。這兒離大學不遠，可以想像朱與奚當年都會在此留連。

當然他們沒有體會過「史城多情節」。這個二〇一三

年開始的節日，在傳統情人節的前後十多天，都舉行以愛情為主題的各種活動。位於城市心臟的克博大廣場（Place Kléber）上建起個「愛情咖啡店」，巨大帳篷下是各種音樂會、舞會等等，亦有星夜遊船，泳池午夜嬉水⋯⋯二月是很寒冷的季節，深冬中更需與愛人互相緊緊擁抱。張口便散出寒氣，與冬霧混在一起，在燈光水影中，靈靈幻幻，也不計較會否天長地久了，比巴黎更浪漫。朱與奚根本不需要任何情人節，真正的深情像株樸實的大樹，不必替它掛上裝飾，自會在風雨中開花結果。一九三二年，他倆去倫敦結了婚，之後相守五十多年。

白鶴飛翔

━━━━━━ ∽∾◈∾∽ ━━━━━━

史城在亞爾薩斯區，這兒有很多美得叫人手足無措的小城和村子。更常見穿着傳統服裝、帶着黑蝴蝶形大帽子的婦女，當年朱和奚都一定會見過。他們定也曾看到長腿白鶴每年早春三月從空中翱翔而回，這種巨大的候鳥久遠以來迴旋在人們心中。中古時代，第一雙白鶴回來時城中吹起號角歡迎，牠們在教堂鐘樓頂尖或屋子最高處築巢。人們相信牠們帶來幸運，童話中更說牠們尖長的紅嘴啣一個大包裹送寶寶來到來人家，深為人們喜愛，是此區的象徵。

經過留歐六年的努力，一九三三年，朱光潛匯合了心

理、文、哲和美學的研究，以英語完成了〈悲劇心理學〉論文。通過答辯委員會審核答辯，獲得了博士學位，論文由大學正式出版。其中譯本（張隆溪翻譯，人民文學出版社）則於一九八三年才面世，這是中國文論史上第一本系統化的西方悲劇理論專著。同年秋天，白鸛快將開始南飛時，他倆也南下馬賽乘船回國。之後他在安徽、北京等大學任教，文革時被抄家、鬥爭，後來被恢復教授職務。

朱光潛畢生致力於教育和學術領域，開拓了中國美學研究的新天地，並積極翻譯外文名著，作品極豐，多達六百餘萬字。王攸欣的《朱光潛傳》（人民出版社，2011）詳述朱的生平與思想歷程，嚴謹得來又生動。哲學、美學家鄧曉芒說：「在我心目中，朱光潛是中國現代唯一能夠和王國維並肩而立的美學家。」朱光潛出生時，父親朱子香從《王曇首傳》中「韜光潛實，物莫之窺」替他取名，寓光芒潛藏之義，果是他一生的寫照。他沉實工作所冒發的美學柔光，如樂曲凝然流過歲月。

出了十八位諾貝爾獎得主的史特拉斯堡大學。

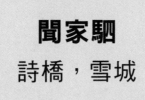

6

聞家駟

詩橋，雪城

（攝影．Bénédicte Billion）

詩橋

蜜臘波橋

「塞納河在蜜臘波橋下揚波

我們的愛情

應當追憶麼

在痛苦的後面往往來了歡樂

讓黑夜降臨讓鐘聲吟誦

時光消逝了我沒有移動」

聞家駟（1905—1997）這樣譯這首名詩。

他在湖北浠水鄉間長大，幼年入私塾。四哥聞一多在清華上學時，暑假期間常回老家，長長的兩個月，與弟弟朝夕相伴，向他講很多外面世界的事。聞家駟曾表示，他選讀文科、念法文，乃至一九二六年赴法留學都是受哥哥很大的影響。

聞初到巴黎時，亞波連里爾（Apollinaire）這首詩發表了十四年，已是家傳戶曉了。橋在城西，將十六與十五區連接在一起。橋側有個小銅板鑄着這幾句詩的原文。看到一張蜜臘波橋（Pont Mirabeau）百多年前的照片，望去對岸十五區，都是矮矮平房，越遠越纏綿。詩人與女畫家羅倫仙（Laurencin）相戀六年，充滿激情和風暴。他們常常並肩踏過此橋，難怪決裂時他感觸甚深，歡愛情與時間如河水逝流。在此寫下如此柔腸百轉的詩句，真是夢斷城西。現在鋼

橋上許多汽車飛馳而過，右岸是一座座高山似的大廈。對着這樣景色，不知還能否寫出這樣的詩來？

鋼橋的線條幽美，但那綠色顯得落寞，四個女神守在兩個橋柱的前後面，分別象徵巴黎市、河運、商業、豐盛。這是巴黎名橋之一，在那個工業文明方興未艾的年代，是十分前衛的成績。有人說不知是詩人叨了它的光華或是它藉着詩人而閃耀。我當然深信後者，當年怎樣前衛也最多在歷史上留下一行，詩句則不但越過年年代代，更飛到世界各地無從估計的角落。

巴黎市中心的橋上被情侶們掛滿了「情鎖」，當局者迷，痴信愛情可以鎖得着的。但現實就是現實，這千百個鎖加起來太重，恐怕橋欄倒塌，非常危險。有關部門這邊禁了，那邊又鎖得滿滿。愛情是禁得了的嗎？至於這兒，不是市中心，就沒有人掛上情鎖了。何況是「情盡橋」，人們會嫌「意頭」不好吧？於是便清清靜靜，不受情迷之輩騷擾。

其實雖是傷心的詩，卻是充滿希望的。聞譯作：「在痛苦的後面往往來了歡樂」；戴望舒譯作：「多少歡樂事總在悲哀後」；程抱一譯作：「痛苦之後才能得到歡樂。」這首詩被無數人譯過，都傳送了這個訊息：承受無可改變的現實，而滿懷希望，像火鳳凰的昇華。

蜜臘波橋。

「……過去一天又過去一週

不論是時間是愛情

過去了就不再回頭

塞納河在蜜臘波橋下奔流……」

　　亞波連里爾在三十二歲時寫下此詩，六年後與世長辭，三十八歲，仍很年輕，時間如流水沒有回頭。

　　聞家駟在巴黎一年後，因經濟困難，逼得回國。一九三一年他取得湖北省官費，再度赴法，入格諾布（Grenoble）大學攻讀法國文學。

雪峯圍繞

現在一提到格諾布城，人們便聯想到科技和滑雪。格城在阿爾卑斯山腳下，羣山環繞的闊谷中，是山脈的交匯點。它亦如所有法國大城一樣，有古堡、教堂、博物館等宏偉建築，但雜亂一氣，真有點其貌不揚的感覺。不過「禾稈蓋珍珠」，原來大有魅力。

在古城區，現仍存小小一截羅馬人建的城牆遺址。舊城街道窄小輾轉，原來是為了對抗寒風衝颺的好方法。最古老的聖母院廣場，立着一座宏美的紀念雕像。不遠處的歌諾特廣場（Place de la Grenetté）是五穀和畜口市集，現在遊人來往不絕，噴水池旁是個熱門的約會地點……這些都定是聞家駟走過的街道。

聞的力作之一是在較後期翻譯的《紅與黑》，一九八八年才由人民文學出版社出版。當他埋頭進這本劃時代的鉅著時，很可能會想起年輕時在格城的日子。

在市中心盧梭路十四號，便是《紅與黑》的作者史當達（Stendhal）一七八三年出生的地方。史當達在格城度過了痛苦的童年和少年時期，十六歲時離開故鄉赴巴黎。不遠處，大街二十號是他敬愛的祖父的故居，二〇一二年時改成了史當達博物館。典型的十九世紀中產階級大屋，典麗的佈置中展出了史的大量手稿和資料。從寫實到心理分析，他被奉為「意識流的先驅」，在文學史上佔了極重要的地位。我來到

的時候館內沒有其他參觀者，很靜，像飄着無聲的音樂，使我想到他說的：「好的音樂不會錯誤，它直接進入我們的靈魂深處，尋找那吞噬我們的痛苦。」

然後我們來到近城邊，成立於一八七九年的格城文學院舊址，沉穩的新古典風格。聞家駟來此上課的三年間，抬頭便見到山上的巴司底防衛城堡牆。

山峯戰堡

小山峯臨伊澤爾河（Izère），建於十九世紀的城堡雖然一派森嚴，但早已無軍事作用。這是格城的地標，聞家駟時代已是這樣。當年沒有的是登山泡泡電纜車，在一九七六年才設立，像一串五個的透明巨蛋，越過伊澤爾河緩緩載人上落。我們在盛夏八月時乘坐，熱得確像被烤的蛋。堡壘分幾層，頂層有座大平台，一面可俯覽舊城景色，另一面遠眺長壯山巒。下面兩層除了餐廳還有一座博物館，介紹法國山區部隊的歷史、軍服和軍備等等。同行的一位姪兒輩朋友自美國來，曾經從軍，被派至阿富汗。不用說，這一年間他的母親提心吊膽，終於盼到他平安歸來，更一起同遊法國，驚憂後的幸福特別使人珍惜。在戰堡中忽見他與兩個守衛軍人談得十分興奮。原來這兩個士兵也是不久前從阿富汗回來，有共同的凶險記憶，萍水相逢竟似他鄉遇故知。

青春氣色

〜〜✦〜〜

古老的大學當年分散在城中各處，現在集中了在東邊一個風景優美的園林區，從格城中心乘電車大約二十分鐘便到達大學城，有六萬二千多個學生。當中尤以科研著名，而此城的科技工業（毫微科學、化學、矽晶）特別蓬勃。

格城在終年積雪的三道山脈圍繞下，不到一小時車程便上到高山，散佈滿滿的滑雪中心。有四百多年滑雪傳統的小城，已發展成為今日的世界性滑雪王國。一九六八年冬季奧運會以來，更是日益繁盛。城市周圍有數座很優質的運動場，每年冬季都會吸引了無數來自世界各地的「雪友」。除了冬天特別熱鬧，三四月間有爵士音樂節，十月有葡萄酒節，酒與音樂攜手，歌酒趁年華，興致滿街道。就算在平常日子，因為佈滿年輕學子，古老的街道上洋溢着青春氣息，使人忘了平凡的市容。那些曾在格城攻讀的學子，回憶中映着的雪光，不是寒冷而是溫煦。

聞家駟在格城住了三年，一九三四年回國，先後在北京大學等學府任教。在文化傳遞上發揮了重要影響，傑出的學生中有文藝理論兼翻譯家柳鳴九等。聞雖是在哥哥的光環下，但本身也有很大成就，在文化界和政界任重要職位，對法國文學的研究與翻譯成績卓然。

7

巴金在童話城

「在精神折磨最厲害的時候，我也有過短暫的悲觀絕望的時刻，彷彿茫茫天地之間就只有一張老太太的臉對我微笑。」在《隨想錄》中，巴金（1904—2005）筆下那個老太太是數十年前，萬水千山外，法國吉里堡[1]一所中學的看門人古然夫人（Madame Cousin）。

那是在巴黎東面約九十公里、去香檳區途上的一個倚山臨河的小古城。小城的靈魂是在此出生的寓言童話大師拉封丹（Jean de La Fontaine）。山頂的古戰堡只剩下了嚴峻高厚的牆，四周樹蔭園林，是市民散步的好所在，假日還有中古式的獵鷹表演，儼然透着童話味道。從這兒，正好俯視閒靜的馬寧河[2]在城中流過，一片悠然。難以想像它不但經歷過古遠的烽煙，較近代遭受拿破崙、俄國和普魯士之間的鐵蹄蹂躪，第一與第二次世界大戰時更成為血淋淋的生死場。

從革命家到文學家

一九二七年，二十三歲的李堯棠來到了這兒。年紀輕輕，背後已有一段激越的長程。滿胸愛國愛民的理想，像一股股巨浪，將他從成都沖湧到上海，再沖湧到革命勝地巴

1　Chateau Thierry 巴金譯音為沙多吉里；因 Chateau 是堡壘的意思，以後有許多取此意的不同譯法，多譯為吉里堡。

2　La Marne，巴金譯作馬倫河。

黎。而幾個月後，因健康問題離開了首都，來到這個小城的拉封丹中學 [3]，竟然開始踏上了另一條長途。

我預先約好了一位作為巴金迷的當地歷史研究家呂贊德（Tony Legendre）先生。夫婦退休前都是拉封丹中學的英語教師，兩人都開放熱情。他們請我倆先到他的家，在半山上，有一個大後園。他不但一早為我影印了一大疊資料，更送了我那本二〇〇九年巴金年出版、硬皮精裝、大紅封面的紀念冊。原來是他與巴金研究專家安必諾（Angel Pino）合編的，裏面有豐富資料和難得圖片，真使我喜出望外。這位精神爍健的老先生眼中閃着孩童一般的好奇和友善，親自陪同我們踏遍巴金在城中的足跡。學校本來關了，他到處找人來為我們打開大門。該校位於馬寧河中一個窄長的小島上，校舍原本是古老的嘉布遣會（Capucin）修院。法國大革命時充歸國有，修士被趕走。然後曾被用作麭包廠、紗廠、傷兵醫院等。那個修會的修士生活清苦、濟世為懷，冥冥中竟與巴金滿胸為人民謀幸福的理想遙相呼應。

「五十年來我做過不少沙多吉里的夢，在事繁心亂的時候，我常想起在那小小古城度過的十分寧靜的日子。」巴金這樣寫道。其實巴金當時的心中怎會平靜呢？滿胸激情澎湃，短短的一年多，除了閱讀大量外國社會學作品，還翻譯了《倫理學》、《斷頭台》、《俄羅斯十女傑》和《俄羅斯革

3　舊拉封丹中學現已改名為拉辛中學 College Racine。另有一所新建築，命名為拉封丹中學，很多人都找錯。

命史話》等。而最重要的是，他將筆記串合起來，以小說形式寫了處女作《滅亡》。描述一個在強大黑暗環境中，懷着偉大理想的青年的掙扎與滅亡，是來自他心底的嘶喊。為了取個筆名，用了投河自盡的朋友巴恩波的姓作為第一個字，以及克魯泡特金的金字。他把這份寫在幾本練習簿上的文稿寄回上海。後來回國時才發現，原來葉聖陶將之推薦在當時全國最有名望的《小說月報》連載，獲得極熱烈的反應，使到巴金也轉變人生方向了。

一年零三個月不算長，卻很充實。他踏進吉里堡時是要做一個革命家，離開時成為了文學家。吉里堡的寧靜，不是撫平他的激情，而是提供了一處讓他可以埋頭苦幹、追尋理想的環境，將激情昇華為光芒的火炬。

從一九二一至一九三四年間，曾有一批中國學生來吉里堡留學。有些文件中有陳毅的名字，相信「詩人元帥」也曾在巴金之後在此留過幾個月。這些學生都二十多歲，加上語言阻隔，與學校中那些十來歲的青少年無甚交往。他們並非住在集體宿舍，而是在當年大飯堂樓上的一間間獨立小房，本是苦行僧的居室。不知巴金曾與哪一位僧人先後生活在這窄小的空間？巴金常提到推開窗外見到一株苦栗樹，那些和風拂過樹間的沙沙聲，定曾伴了他不少沉思與行筆。

今天仍能看到巴金當年的居所，不禁很感謝呂先生。原來這段往事，除了該中學一些較年長的舊生隱約記得，根本無人留意。多年前呂先生因為研究校址歷史，無意發現了有中國留學生曾到此。而七九年巴金重訪吉里堡時，當地報章

有報導，他才忽然悟到有這麼一位大名鼎鼎的校友。那時學校計劃改建，要將古老的校舍夷為平地，他向有關方面力陳保存文物的重要性，與一些熱心分子奔走，險險地總算把校舍保留下來。後更被列為歷史文物，可永久保持原貌。他更寫信給巴金，請大使館轉遞，並獲得巴金親筆回信，對他非常鼓舞。然後他竭力推動各種與巴金有關的活動，希望將這段歷史發揚。

故人之墓　長駐心上

在巴金心中留下深刻印象的古然夫人是位簡單的鄉下人，他筆下的「老太太」，看照片當年只五十多吧。她心地善良，大戰時盡心盡力護理傷兵，對這些遠離家鄉的遊子也毫無私心地特別照顧。巴金回憶中說：「她對我真是關懷至備。」平日巴金收的很多信，都是古然夫人為他接遞。古然先生是學校的園丁，也是十分和藹。假期時學生們都回了家，只剩下他們三個中國學生，都是在古氏夫婦那兒用膳。有時，他們三個同學在飯後到河邊散步，高談闊論，往往到夜幕低垂、星星閃亮時才回去。「我們走到校門時，好心的貧苦老太太早已等在那兒。聽到她那一聲親熱的『晚安』，我彷彿到了家一樣。」他亦曾寫道：「她那慈母似的聲音，伴着我寫完《滅亡》。」

一九七九年巴金重訪吉里堡，他多年來的心事是想在這對看門人夫婦墓上放一束鮮花，因為行程太匆忙未有實現。他寫道：「古然夫人的墓在我的心裏，墓上的鮮花何曾間斷。」這個默默的小人物，當年照顧幾個離鄉別井的外國學生時，相信全沒想到，她那不經意的溫暖會傳到這麼遙遠這麼長久。在吉里堡公墓裏，那個甚至沒有墓碑的墳中，他們不會寂寞。

二次大戰時吉里堡市中心有部分被炸毀了，而且這許多年來當然已有無數改變。舊校舍旁擴充了新樓，飯堂樓上的宿舍小室都已打通了作為教師會議廳。但仍可想像年輕巴金在這兒的日子，如他自己說：「一面走路一面捧着書來讀。」園中苦栗樹已不在了。巴金重遊此地，推窗一看，在場的人都聽到他衝口而出，用法文說：「那苦栗樹──」數十年間，他經歷過鬼哭神嚎的驚濤駭浪，大跌大起，這小城市也受過慘烈戰役的摧殘。儼然兩個劫後重逢的老朋友似的，深切的感情沒有隨着苦栗樹的消失而消失。

現在的小城安寧而熱鬧，當年巴金寄出《滅亡》的郵局已拆掉了。他買那些練習簿是在哪一間文具店？橋頭上那間他為校長夫人和小姐生日時買花的花店仍在。他的頭上長第一根白髮，由理髮師剪下來，是那一間理髮店？他常從校園後去河邊散步，通過一個滿是苦栗樹的小樹林，現建滿房屋……其實也不必一一細尋。大街小道上，橋上，山上，那一年多之間巴金一定踏遍。他回國後寫了幾篇以法國為背景的小說，都是以小人物為主角，多是在這些地方遇到。

巴金年過後

　　法文維基百科的吉里堡名人錄中有巴金一行。巴金年時在此城中有好些向這位大作家致敬的活動，如在文化館展出他的作品、在大橋上安設了一連串北京城街景的巨型照片、出版紀念冊、在舊拉封丹中學的門前，立了一塊中法對照的紀念碑等。但其實當地人心上根深蒂固的仍只有拉封丹，這是可以明白的，三百多年來他是此城的靈魂。他的雕像高立在橋頭大街交接處，沿河岸上都有寓言故事的雕刻，龜兔賽跑，狐狸與烏鴉等。他出生的故居早已改為一座博物館，藏品豐富，很值得一看。

　　我們曾到過旅遊諮詢局，是位於城中心一間兩層新式的「法美友誼之家」樓下，滿是與寓言大師有關的物品。樓上是一個紀念館，紀念美國羅斯福總統當空軍的兒子康庭（Quentin），一九一八年他在這兒附近的小村森漫利（Chamery）殉難，終年只有二十一歲。

　　我們告訴呂先生，曾向接待小姐問及巴金，她告訴我們：「不遠處豎立了一個巴金紀念牌，你們可以去看看。」還詳細地指導我們怎樣走。找到去，原來是關於一個東方木匠。除了是中國人，與巴金毫無關係。這位人物名叫劉振華，原籍廈門，約在巴金離開一年後來到吉里堡，在傢俱店工作。而最為人津津樂道的是一連數十年，他為拉封丹節製作的遊行大花車。劉在吉里堡住了六十年，難怪當地人一提

到中國人便想起他，在遠地，再重要的大作家也不如他那麼親切。

也不能單以為外國人對中國文化有隔膜，後來去附近一間中國食肆午餐，跟說國語的中年老闆娘聊聊。問起巴金，她為難地說知道這個名字，至於談到他曾住此城，則滿臉茫然。我忍不着告訴她：「不如走幾步路去那間學校門前看看紀念牌。」她滿臉歉意說：「對不起，我甚麼都不清楚。」當然是不應向人強求的。

巴金迷的努力

呂先生屢次請旅遊諮詢局多向訪客介紹巴金事跡，仍未能如願，所以我們會遇到那樣指鹿為馬的接待員。他的熱心使人十分感動。雖然巴金仍沒有進入普通市民心中，不過他有許多西方讀者，文學界對他尊崇並有不少研究，偉大的作品自會遇到知音。

在馬寧河畔我想到很遠處，家春秋，寒夜……如果世界上繼續有持火炬的人，寒夜不會永遠籠罩大地。

我與呂贊德先生於舊拉封丹中學前。今天仍能看到巴金當年的居所，要多多感謝他。

8

陳學昭

從花都到火山城

這位第一代新文學作家，亦是中國首個在法國獲文學博士的女性，曾經紅遍大江南北，漸漸竟然被淡忘了。香港與海外只有很少人聽過她的名字，在國內亦不普為人注意。

從錢塘江的巨潮，到塞納河的波濤，再回到黃河的洪流。陳學昭（1906—1991）這位非常女子，一生在駭浪中翻滾。她喜愛音樂，以生命奏過許多不同的樂章。

青春進行曲 —— 新女性衝向自由

陳學昭（原名陳淑英）出生於浙江海寧鹽官詩禮之家。七歲喪父，母多病，由四個兄長教養。他們遵照思想開明的父親的遺言，不替她纏足及讓她上學。但管教往往過於嚴厲，而且男尊女卑的傳統仍十分強烈。她倔強的個性自幼便像被磨的刀子，越磨越堅利。錢塘巨濤在她心中化為鏗鏘的旋律，反封建舊社會的黑暗與不公平，追求自由獨立。

她小學時便與同學一起上街宣傳反對賣國條約，抵制日貨。十五歲就遠離家鄉到上海求學，參加進步文學團體「淺草社」等。十七歲，以《我所希望的新婦女》獲得上海時報徵文的二等獎，從此踏上文學之路。她開始發表系列散文，文字清秀而剛健，結集成《倦旅》。短短幾年間，成為了文壇新星，活躍於多份對全國具影響性的刊物上，並受到很多前輩如魯迅、戈公振、瞿秋白等鼓勵。像一隻不理天高地

厚的彩鳥，羽翼初成，便要遠走高飛了。一九二七年，她二十一歲，沒有家庭支持，沒有公費，她單靠自己筆耕的收入，毅然隻身闖天涯。鄭振鐸預支了《寸草心》和《煙霞伴侶》的稿費給她作赴法旅費。

迷濛小夜曲 —— 款款深情三重奏

陳學昭六月底來到巴黎，正是滿街梧桐碧溶溶的初夏，像迎接這個遙遠的東方來客，在此掀開了一份新樂譜。

她一抵步便立刻進法文補習學校。同時，作為大公報的駐法特約記者，每週供稿，又給《生活週刊》、《旅行雜誌》等刊物寫報導。

她臉圓圓，不是標準的美人胚子；嘴巴微斜，卻反然有點兒帶英氣的嫵媚。熱切的心靈使她神采飛揚，充滿活潑的魅力，難怪追求者眾了。談到她的留法生涯，無法與她的感情生活分開。她曾住在離索邦大學不遠的笛卡兒路（Rue Descartes）。在幽靜的黃昏，日未完夜未至那種使人有些恍惚的時分，有時竟會錯覺，轉角處，可能會碰上她與季志仁、蔡柏齡這纏綿的三人行？這些密密的古老街道，承受過無數青春的燃燒和渴望，亦會容許無限幻想。

她在國內與畫家孫福熙已有婚約，但為了各種原因，不歡而散。她十七歲時認識比她年長五歲的季志仁。季對她十

分傾心，在國內曾提親但被她的家人拒絕。他比她先到法國，學音樂，等待着她的到來。雖不再提婚事，但對她照顧周到，愛護有加。季的好友蔡柏齡是蔡元培的三子，跟母親王仲英長居法國。他當時是巴黎大學物理系學生，對陳無比傾慕。季建議蔡給陳補習法文，陳給蔡補習中文。蔡選了剛獲諾貝爾獎的法郎士（Anatole France）的名作《紅百合》，她選了《史記》，互相一段一段解讀。在愛慾交融的法國愛情故事與雄奇曲折的東方古史間織起一段綿密情意。

陳學昭無數次深情地回憶起那段時光。好些溫馨有趣的細節，在自傳式長篇《工作着是美麗的》和回憶錄《想天涯、思海角》中都有詩意的記錄。三人親密無間，她形容為：「她和他們間的友誼已經登峯造極，好到不能再好的地步了。」

在如此浪漫的氣氛下，陳學昭一貫的強烈社會意識絲毫不減。她說：「一拿起筆來就忘記了自己是個女人。」她的文筆細緻活潑，甚至帶點辛辣。在巴黎，當她看到當時有些公費留學生聚賭嫖娼的狀況，便如實報導，受到許多恐嚇責罵，聲言要打她。那段時間，季和蔡都保護在她的左右。「他們坐在我們三個人旁邊的桌子上吃飯，我們準備好他們動手來打，但是他們畢竟不敢動手。」「只是季和蔡總不放心我獨個人來回學校，獨個人在拉丁區走動，擔心我吃眼前虧，因此他們兩個人有時一個人來送我上學，有時兩個人來接我回寓所，吃飯總是一同去的。」兩個男子對她的傾慕是非常明顯的，她對兩人亦懷着深情。在小說中她描述得很明確，徘徊在情曲與友誼之歌之間，十分深厚又若即若離，像霧中

迷濛纏綿的三重奏。

　　料不到竟插入了第四者。醫科學生何穆（小說中叫做陸曉平）死纏爛打地追求，以自殺威脅，又以肺病和眼淚作武器，終於使這個光芒閃爍的女子基於同情而答允了與他結婚。她説：「我心情很矛盾很消極，感到這樣糾纏下去，永無寧日……反正總要有個丈夫……我寫信告訴魯迅等，大意是說我將和 H 結婚，因為他有肺病。」後來收到周建人的信才悟到「結婚不能當一件慈善事業來做的。」最奇怪的是，在憶述中她說每次見到何穆都充滿憎惡。怎會為了同情而下嫁呢？但這是當事人親筆寫的自傳。如此冰雪聰明的一個人，怎會連這樣顯淺的道理都不明白？叫人甚為費解。抑或沒有盡言真相？至於那兩位溫文爾雅的男伴，雖然靜默中愛意已滿滿流溢，但二者都沒有採取較積極的行動與表示。是否都太謙謙君子了，因為對手是最好朋友，不想加以傷害？千絲萬縷，無從整理的亂結。感情就是如此荒謬的怪獸。

　　不久前經過笛卡兒路，見到開了一間名叫「火山」的餐館，也真這麼巧。

火山城怨歌 —— 黑冷熔巖綴詩詞

　　一九三一年夏，她離開了巴黎，也告別了生命中一段優美的旋律，前去里昂與何穆廝守。很快，她就覺得：「我

內心很懊悔自己太輕率地離開了巴黎……我已開始掉進一個陷阱。」跟着他倆遵照醫生的指示，轉去克蒙（Clermont Ferrand），因為那兒的空氣適合肺病病人療養。

克蒙在法國中南部高原（Massive Centrale），是歐洲最大的睡火山脈。果然，接近這區，沿路都望到大大小小的死火山，沉睡了數十萬年，山嶺柔然相接。頂峯點一千八百多米，並不很高。克蒙有一大部分是建在一個古遠的火山口上，是半大陸氣候。這兒是交通要塞，又是個著名的大學城和工業城，其中以米芝蓮（Michelin，陳譯為「米顯倫」）車輪廠為全城經濟命脈，僱用了無數員工。而舉世知名的數學兼哲學家，計算機的始創者帕斯卡（Blaise Pascal）在此出生。像是繼承了這項特出的成就，克蒙是個先進的科技中心，有四萬個大學生，六千名研究員。

我們投宿民居，在城邊一處斜坡上，可望到全城暗灰紅的屋頂，像個大海，而其中黑黝黝的大教堂聳立如座龐然尖島。屋主夫婦十分好客健談，告訴我們好些此城的事，如米芝蓮家族如何充滿人情味，但後繼無人，不久前成為了一個再沒有個人特性的大企業。當年何陳夫婦搬來此城是為了好空氣，但屋主說城市是在盆地中，現在工業發達，空氣已很污染了。走進這城市，街上是一片深淺交替的灰黑，因為多數屋樓都是以玄武巖石建成，不過有不少都用明亮的顏色蓋過了。

闊大的祖德廣場（Place de Jaude）是全城脈搏跳躍的中樞。不遠便是舊街區，穿過窄窄而商店林立的斜路，上到去

宏偉的聖母升天大教堂，是古城的靈魂，可俯視舊城和遠山。這個大教堂渾身黑沉沉。火山熔巖石有點兒似烏暗的海綿，卻非常堅硬。

在咖啡座上和一些當地居民聊起來，鄰座有一位年輕的大學講師，聽到我們在地圖上尋找大學的所在，主動熱心地幫助我們。幸好得他指示，因為城市已有許多改變。來到城邊緣，沿一條林蔭大道而上，找到當年陳學昭上課的文學院舊址。那座典雅的建築物現已改為教育局，在一個起伏有致，花團錦簇的大公園中，非常舒美。對街便是「神府」大醫院的舊址，醫學院附設其中，何穆在此上課。百年前這位來自遙遠東方的女子，是在這樣幽美的環境中進修，留下了無數足跡與夢想，但她在這城中卻多是苦澀日子。

到克蒙翌年，一九三二年四月底，陳誕下了兒子。為了工作和上學，她只餵了半個月的奶，就把嬰兒託交一家法國人葛爾夫婦。葛爸爸是米芝蓮廠的退休工人，身上還帶着大戰時上前線的重傷，有一隻義腿。他倆把孩子當寶貝般撫養。可是陳因為產後欠缺休息和營養，身體很差，得了胃下垂病。她在克蒙這三年也正是像這個城市那麼灰暗。她一面努力寫稿賺生活費，雖然被大公報辭退了，但替《申報》和《生活週刊》撰稿仍可讓她支持下去。除了經濟緊拙，最痛苦的是與伴侶的裂痕越來越深，他對她的好友都作劇烈抨擊。至於她的作品，「他從來不看我寫的東西，只是計算稿費。」在這三年間，她曾計劃出走，一切悄悄準備好了，但看見他的病況和為了孩子，雖然「我心底裏厭惡、憎恨他」，

克蒙中心大教堂旁的廣場，屋樓都是深淺交替的灰黑。

文學院舊址。

在最後關頭仍是留了下來。

陳學昭與 C 教授相遇，像在個陰沉的穴洞中開了一道透進光芒的縫。他十分嚮往東方文化，大力鼓勵她以中國文學為題寫一篇論文，並替她聯絡上巴黎大學東方語言學院院長葛蘭言（Granet）教授。他也反應熱烈，希望她以中國的詞為題。原來院長自己對中國詞也不甚了解，所以很熱衷希望有一位中國文化人能作耕墾。那個時代法國很多知識分子都受中國文化吸引，漢學熱正盛，而中國留學生不多，這麼天外飛來的一位才女真是鳳毛麟角。她自己也許並不意識到呢，總之也積極地投入論文的準備了。但克城文科大學圖書館根本沒有中國書，她專程到巴黎拜訪葛教授和去法國國家圖書館搜索，但亦只找到很少資料，其中不少印的是極古式的字，而且字跡模糊，所以研究工作十分困難。終於只憑身邊帶着的《李後主詞》、《白香詞譜》，還有她心愛的《納蘭詞》等幾本冊子而進行。她與 C 教授密切合作，他尤其是在法文方面給她很大幫助，兩人間也建立起一段珍貴友誼。

在此無意探討何陳夫婦間的是非恩怨，以及何穆是否確是如此不堪，抑或只是片面之詞？無論如何，她在克蒙三年，在寫稿、上課、買菜、煮飯、衝突、吵罵之間，致力預備博士論文。從萬里外的故鄉帶來數百年前的文字精靈，她將詩詞像彩色花粉般散發在異國灰沉沉的火山石上，也無意中成為了一個早期的文化傳遞使者了。到了一九三四年夏，論文已定稿，但她無錢付這筆印刷費。她向當時在美國的戈公振提起，他立刻匯來一千五百法郎。葛院長專程來克城主

持論文討論，順利通過，並獲得評語「很好」。（她自己留着的兩冊論文，在一九六六年和一九六七年幾次抄家時被抄走了。）葛院長熱情地勸她留在巴黎東方學院幫助他作助教，兩年後就會提升。其實戈公振也邀她到美國，在那邊發展也會有很大的可能性。但是，她並不選擇命運奉上給她的、前途光明的機會。一待何穆也獲得了學位，他倆在翌年初便起程回國。其實這許多年來，無論在快樂或痛苦的日子，她心中最掛念的是祖國。

離去時，奶娘葛氏夫婦巴巴地伴送他們從克蒙到四百多公里外的馬賽上船，依依不捨。她心中的百般滋味，恐怕真是剪不斷理還亂。她回國後，「只因為對奶娘信中說：『現在我們得重新安家了。』大約他們想像我們遇到困難，竟電匯了三千法郎來。」以一個退休工人家庭，不是小數目。可看出陳對人的熱情，才會獲得這樣的關愛。陳也擔心歐洲情況越來越動盪，連忙把錢退了回去。這只是一個例子。其實，在坷坎的一生間，她曾獲得過許多深厚的關懷。

陳學昭在旅法七年半中出版了《如夢》、《憶巴黎》等十多部散文和小說，其中十萬字的《南風的夢》，表現出中國留學生在法國的生活。

波濤交響頌 —— 冰霜中紅梅傲立

旅法期間，她因家事曾回國一轉，然後坐西伯利亞火車再去歐洲。中途停站，有段有趣的細節：冰天雪地間別人都穿着雪靴，而她為了保持儀態優雅，仍穿高跟鞋，在滑溜溜的冰地上舉步艱難。當時相信她沒有預料到前面是不斷的崎嶇路，她需要的是一對鐵靴。

回國後她從一個小資知識分子，脫胎換骨熱切投身革命，三度赴延安。四〇年兒子腦炎早逝，兩年後婚姻破裂，是一個又一個沉重的打擊。她獨自帶着幼女，隨母姓，取名陳亞男。無論在怎樣艱苦的跋涉間，她以驚人的意志，寫下了許多作品。陳學昭在四四年加入共產黨，五〇年時達到事業頂峯，可是並不安穩。跟着整風被開除黨籍、土改、反右，尤其是文革期間，陳學昭一直過着非人生活，二十年間創作當然空白。直到一九七八年獲得平反，恢復了黨籍，終於再獲寫作的自由了。她以飽受催殘的老病之軀，在各種疾病的煎熬下，又筆耕不斷。在八〇年的文化回憶錄《天涯歸客》中，她對在巴黎那段浪漫的歲月仍滿透深情。

季在陳離開後斷絕了聯絡，蔡則一直對她關心，直到四十八歲才結婚。兩人巴黎一別，四十五年後曾在國內一次重逢，其唏噓無以言喻。一九九二年，陳學昭在杭州病逝，按照她的意願把她骨灰撒進錢塘江。季一九九二年在美國去世；蔡一九九三年在法國去世。拉丁區那些古式路燈下那段

動人的三重奏，在天各一方煙消雲散。

陳學昭從發表第一篇作品《我所希望的新婦女》，直到去世前的封筆之作《可貴的痕跡》，長達六十七年的創作生涯，留下浩浩蕩蕩近三百萬字的創作，反映在驚天動地的歷史火山爆發的年代中，一個獨立女性追尋真理的崎嶇歷程。其中自傳體的四十多萬字《工作着是美麗的》上下集可說是她的代表作。上集於四九年在大連出版，引起極大反響。這是典型的革命文學作品：熱情女青年從小資知識分子到自我改造、投入革命。她在法國時，常聽法國朋友說：「Qu'il est beau quand on travail」留下了深刻的印象，便將這句話直譯用作此鉅著之題目。這句口號一時也廣為傳流。上下集跨越了半個世紀，之間經歷了像浴火鳳凰般的心路歷程變化，文風亦差異很大，像出自兩個不同的人的手筆。

丁玲在給陳學昭的一封信中，曾說：「你年輕時為一枝早熟的春蘭，峭然挺立在石山上……現在你已進入老年，卻正如西子湖邊的紅梅，傲霜而怒放。」有人評論：「二到延安之後，陳學昭寫下了大量的通訊、詩歌和雜感。文風沒有早期的浪漫優美，漸漸趨向表層和形式。」這正是她為了融入一個偉大理想，努力埋葬小我而徹底自我改造的結果。她與個人寫作告別，相信是漸被遺忘的原因之一。這有待文學史工作者去作深入研究了。陳學昭是一個被淡忘的作家。閻純德教授與夫人李楊曾多次採訪陳學昭，並替她在文學史上刻下了應有的留痕。

走在深淺灰黑重疊的克城街道上，這個不平常女子的事

跡特別使人感動。陳學昭年輕時曾說：「我的心劇跳着，它奔出胸膛，直沖灰色的雲天，飄搖在空間；我的熱情燃着，火球似的燙着了這冷酷的大地……」其實，她在一生不同的階段都懷着這種理想主義者的天真，和對生命熾盛的激情，多傲岸而辛酸的波濤交響曲。

9

傅雷

鑄煉金鑰匙的歲月

風浪遠航

　　傅雷（1908—1966）家書第一章説「人生的關是過不完的」。他二十歲時遠渡重洋，無疑是重要的一關。他這段年輕歲月，明亮與陰暗的色彩重疊。

　　一九二八年初，他在上海碼頭踏上曾是海軍醫院的André Lebon 號。大海的波濤動盪已難受，心中的波濤更苦。《法行通信》第二篇〈雲天悵望〉的開場白是：「數日來，心緒大惡，幾不能寫隻字。」在這段悠長的旅程上，通信中處處流露着內心的惶惑驚疑。「無夜不夢，無夢不在故鄉。」多次夢到船在中途泊岸時抽身回家與親友匆匆一聚。他深深掛念那位在荊棘叢中砍出路來將他撫養成人的寡母，以及未婚妻含情的眼神。更加上：「友人燊均的臨別贈言：『希望你不要忘掉世界上還有這塊爛肉！……你應當敷復這世界的創痕！』我當然承擔不起，但是我是如何怯弱稚嫩的人，應當竭力肩起這肩不起的擔子。」這樣嚴苛的期望，難免使他的心理負擔極重。親情、愛情、友情、鄉情……一條條粗蔓藤攪扭着年輕心靈。他懷着無比意志：「我應勉力向未來前進，為我的母親，為我的朋友，為我的愛人，為我自己。」

　　除了精神困惱，亦得面對許多實際的挑戰。「那種法國式的烹調，實在叫我難以下嚥。當我一想到那半生不熟，臊氣衝鼻的牛排羊排來，竟要令我作嘔！蔬菜呢，都是 potato 之類，也膩夠了。臭酪嘗過一次，不敢領教。咖啡也是苦澀

之味。麵包只是酸而淡⋯⋯還有四五年呢，這悠長的歲月，如何度過呢？可怕啊！」船泊西貢岸，「碰巧昨天午飯有喇喇雞拌白米飯，七天沒有吃過飯的我，就像餓久的狼一樣。」這段記述使我忍唆不禁，因為直到今日，仍是許多中國遊子的切身感受。無論法蘭西烹飪如何馳名於世，不合口味就是不合口味，是文化差異一個色香味俱全的活例子。但對於當時苦不堪言的傅雷當然沒有任何有趣之處，這也正是他必得越過的層層關口之一，不知後來他的口味有否轉變。如果物質食糧上仍是如此格格不入，精神食糧上可是大豐收。

他持着嚴濟慈的介紹信，輾轉找到中國朋友安排，在巴黎第五區一間旅館安頓下來。那兒住着不少中國留學生，都追問他祖國的消息，而他的感覺是：「處處有一種安定快樂的空氣，確使在沸騰惶恐的中國逃出來的我，覺得非常的安閒心定。」有一天早上，他在寒冷中獨自走去不遠的盧森堡公園，見到異國人士的生活又不免勾起對家鄉的懷念和比較，以及無限悵惘。他在大噴水池邊良久地觀看小孩玩木帆船，當時他可沒想到，這玩意直到近百年後的今天，仍深為人喜愛。一代代的孩子們在池邊用長桿子把船推向池中，待微風把它送遠帶近，是盧森堡公園一景呢。我們也愛到這水池邊，看着那些溫柔的漣漪，不免想到當年的傅雷，而其間卻是翻過了多少無情的驚濤駭浪。

常夢見那古城

〰〰〰

他很清楚知道自己的語文程度不足：「記得我從十三歲到十五歲，念過三年法文⋯⋯十分之九已忘了。」在巴黎留了五天便照原定計劃，到外省小城打煉好語言基礎。這個看似簡單的決定，其實正反映出他果斷與堅毅的性格。多年後他在家書中對兒子這樣說：「你出國去所遭遇的最大困難，大概和我二十六年前的情形差不多，就是對所在國的語言程度太淺。」可見他對當年語言之關的難，印象深刻。

那時在巴黎有幾百個中國留學生，容易聚成小圈子，便可互相分擔思鄉之苦，不過對語言進展則難免會大為拖慢了。傅雷選擇破斧沉舟地去個難得一見黃臉孔的地方，徹頭徹尾地浸進外語染缸中，效果自然不同，代價就是要孤獨地背負鄉愁。貝底埃（Poitiers）只不過是在巴黎西南三百四十公里，但對一個心情焦慮、初抵陌生地的遊子，無疑是異鄉的異鄉。後來在家書中他說：「我從前住在法國內地一個古城裏，叫做貝底埃，十三世紀的古城，那種古文化的氣息至今不忘，而且常常夢見在那兒躑躅。」他採雙管齊下的方法，房東太太在日常起居中不斷改正他的會話與發音，再另請私人教師通過讀本教授文法，活用與理論並進。

貝底埃離大西洋海岸約一百五十公里，氣候溫和，依山而建。這個古城歷史豐厚，十五世紀初曾是法國首都。四周是富庶的農業和葡萄區，蜜瓜、乳類產品豐盛，田野蒼翠重

「偉大聖母教堂」。

疊美如風景畫。哲學家笛卡兒和文藝復興期有「詩人王子」之稱的龍沙等重要文化人物都曾在此求學。傅雷那位細心且有文化修養的房東太太和法文老師，總不會不向這個熱心學習法語和文化的青年學子作介紹。

　　此地另一個特色是教堂眾多，而其中最重要的「偉大聖母教堂」，是樸美的十一至十二世紀羅曼風格。在初夏的黃昏，我們來到的時候，剛巧遇到一場婚禮結束，響朗的鐘聲伴着柔亮的陽光，賓客嘻哈着向新人拋灑玫瑰花瓣作祝福，一片藹藹樂樂。教堂正面的牆上滿是浮雕，有妖怪、有神

獸、有聖人……數百年來見證過源源不絕的人間災難和幸福，當然毫不動容。我仰頭細看這些雕像神秘的眼眶時，總是感到它們極有可能於近百年前，與一個從遙遠東方來的學子目光相遇，互相詢問茫茫時光中的機緣。

附近那些曲窄街道，像歐洲許多古城，總是戀戀不肯變遷。儘管店子已換了又換，都只是像換了衣服。完全容許人想像年輕的傅雷，帶着他的鄉愁和堅毅，在這兒躑躅。

在古城下苦功很見效，他在此只度過了短短的幾個月，但十分重要。回憶中他寫道：「半年以後，我在法國的知識分子家庭中過生活，已經一切無問題。」而且，他亦進入法式生活節奏：夏天是度暑的季節。七月去里昂東南維埃納湖畔小鎮度假，寫了《湖上通信》。八月，由於過分用功，體質下降，精神有些不振。體貼的房東太太陪同他去瑞士短期旅遊和休養。

之後，回到巴黎，即進入巴黎大學專攻文藝理論，同時去羅浮美術史學校講座聽講。他說：「十個月以後開始能聽幾門不太難的功課。」這樣的成績真是十分神速，除了天分，傅雷的努力是個主因，就像他整輩子對工作精誠的投入。他在古城果然闖過了重要的一關，鑄好了打開語言國度大門的鑰匙雛型，再回到首都，便進而將它煉得越來越精準，可以繼而打開一座又一座文化寶庫了。

同夢相連 —— 朋和淡

    傅雷與劉抗就像個「朋」字。兩個月亮相伴走，互相映着光芒。相遇是偶然，成為好友，絕非偶然。他倆一見如故，大學開課後不久就一同搬去巴黎東邊近郊馬恩河上的農鎮（Nogent sur Marne），寄住一個家庭式公寓，劉抗住在二樓，傅雷住在三樓。這個小城與巴黎只隔着一個凡仙（Vincennes）樹林，另一邊由蜿蜒的曼恩河繞抱。河岸上設滿了很平民化的酒肆舞場，供普羅大眾在假日來遊玩，在手風琴迴響中翩翩起舞，曾是很多畫家的題材。可不知這些年輕東方學子有否來過？傅雷住在這兒，出巴黎上課很方便，亦不必受大都會塵囂之困，做學問的環境是相當理想的。他為了增進法文水平，採了一個很好方法：試譯一些名家的短篇小說當為練習，但並無投稿。

    數十年後劉抗在給傅敏的信中如此描述當年的情境：「花圃很大，處處栽滿了鮮花。花圃的後頭種着幾棵大樹……公寓的一日三餐都很豐厚。只要有外國學生來，歡暢的空氣就會升騰。這棟樓裏租住着十七八位恆久租客，包羅一對德國來的母女，一對埃及佳偶，尚有一些來自非洲的法屬殖民地的門生。」看來氣氛是相當愉快的。性情沉鬱的傅雷，相信都會受到感染。劉抗喜歡拍照，當時一些寶貴的影像便有幸留下來了。其中有一張傅雷攀到樹上，在陽光下枝葉間微笑，確是難得見到的留影。

他倆的性格非常不同。傅雷四歲時父親受土豪劣紳的欺壓而死，「寡母孤兒悲慘淒涼的生活，修道院式的童年，真是不堪回首。」他性格的基調沉鬱，很可能是這段痛苦經歷的烙印，而亦可能是他承傳了父親的戾硬脾氣，為人正直不苟，嫉惡如仇，像一把剛烈的火焰。比他年輕三歲的劉抗出生於福建，提起童年便想到家鄉青山綠水小橋人家的環境，和母親那一手精細的手工藝活，無限溫馨。六歲時去了馬來西亞，小小年紀，繪畫天分便受到注意和獎勵，滿是愉快的回憶。十六歲回國到上海美專投劉海粟門下，再自費到巴黎進入大茅屋畫院。他性情溫和達觀，彷彿是一道潺潺清流，閃影着熱帶明朗的陽光。

　　傅雷對音樂和文學的良好修養，影響了以繪畫為專業的劉抗。傅雷的見解：「只有真正了解自己民族的優秀傳統精神，具備自己的民族靈魂，才能徹底了解別個民族的優秀傳統，滲透他們的靈魂。」劉抗深有同感。傅雷也因劉抗而與繪畫藝術日益接近。在劉抗的介紹下，他進了巴黎的美術小團體，與陳人浩、張弦、龐薰琹、滕固、汪亞塵、王濟遠、張荔英等交往。他倆常結伴「尋寶」，在各大美術館中觀摩大師名作。「我曾經在這座偉大的博物館（羅浮宮）中，為學習與欣賞而消磨過無數時光。」後來家書中他這樣說。這時期現代藝術風起雲湧，承自世紀初的後印象、表現、野獸、立體等畫派十分蓬勃，新興的超現實、達達等更使人目眩。他們適逢其會，流連於各大畫廊中，品嘗與當代氣息直接相連的潮流。還有大大小小的音樂會，貝多芬、莫扎

特⋯⋯以至比塞、德布西等等。多少個黃昏或晚上，一水一火，懷着滿心滿腦的樂章和色彩，乘火車回去那個悠閒優美的農鎮。那種飽嘗新鮮文化自助大餐的喜悅，我也嘗過，特別親切。

這對摯友使我想到「淡」字，不是冷淡的意思，而是被一種「同夢相連」的力量吸引，細節退至一個不重要的背景，成為一種默契，水火也可淡然相容了。他們在文學與藝術中織起的深厚友誼，延續了一輩子。那時，誰會料到，兩個月亮都各自發出驕人的光芒，但結局竟會如此迥異。一個成為翻譯泰斗，但是，在年華仍盛時被瘋狂的時代妖魔逼上夢

農鎮百年電影院。

之斷橋；一個成為新加坡首席畫家，在繽紛的榮譽中活到八十三歲。他是南洋畫派的創立人之一，亦稱拓碧畫派，即英文 tropic，如此音似神至的譯法，相信他的翻譯大師摯友也會喝采。

現在的農鎮仍是個怡人的城市，鮮花處處。道路仍保存當年的脈絡，但都已十分現代化。只有大街上那株高大的黎巴嫩雪松以及古老教堂、市政廳、百年電影院，定會見證過傅雷的足跡。

金髮碧眼

年輕的傅雷穿着當時藝術家流行的服裝，打着花式領結，文質彬彬。他能操流利法語，對文學藝術都有高造詣，對外國人來說更帶着神秘的東方魅力，難怪吸引了一位喜愛音樂美術的法國女郎了。這個城市飄滿段段疑幻疑真的愛情。青年遊子與法國女郎相戀，相信塞納河岸的大樹若有靈，都看得厭了。

劉抗憶述：「在巴黎時，傅雷曾和一位法國小姐名叫瑪德琳的鬧過戀愛，大概一邊熱情似火，披肝瀝膽，另一邊卻意馬心猿，別有懷抱，始終唱不出一曲合歡調來，弄得他在極度失望之餘，幾乎舉槍自盡。實際上，他在家鄉早已和一位賢慧嫻淑的閨秀名叫梅馥的訂了婚。梅馥是個東方型而受

過新教育的女性：體貼、文靜、好客，幾乎一切中國標準的美德，都集結在她身上，且文筆非常優美流利。傅雷經過那次和瑪德琳絕裂後，痛定思痛，更覺梅馥的可愛，從此便認真相偕了。」傅雷又過了一個險關。關於此事，梅馥多年後致兒子的信中只淡淡提及：「在他出國的四年中，雖然不免也有波動，可是他主意老，覺悟得快，所以回國後就結婚。」

書畫趁年華

一九二九年夏天，傅雷來到如詩如畫的萊夢湖南岸。他住在法國友人在山上的家「蜂屋」，俯視藍澄澄的湖水，又回憶道「我天天看到白峯上的皚皚積雪。」

彎月形的萊夢湖在阿爾卑斯山腳下，湖光山色。它一半屬於法國、一半屬於瑞士。沿湖岸都是大大小小的度假勝地。英國詩人雪萊、濟慈和法國浪漫派詩人拿馬天都被這兒的波光雲影引發無限靈感，寫出一篇篇傳世名作。相信對文學涉獵甚廣的傅雷不會不受到感染。他在這湖山相偎的人間仙境度過了差不多三個月，遠離繁華而並不寂寞。且兩次都有中國朋友到訪，一起遊湖和遊日內瓦。在這兒傅雷翻譯了《聖揚喬而夫的傳說》，是他第一本發表的譯作。

貝多芬治癒世紀病

二十年代後期，大戰初癒的法國，有過幾年的經濟蓬勃。傅雷在法四年，是這個時代的尾聲，經濟蕭條的威脅已陰影重重，但仍然瀰漫着最後的自由享樂的氣氛。他在這環境下採摘文化美果，生活得很勤奮多姿，又有知己為伴，收穫豐富，應是一片絢麗。

可是，博雷心中總是悶鎖着風暴。多年後致兒子的信中他曾憶述：「我二十一歲在瑞士正患着青春期的、浪漫底克的憂鬱病；悲觀，厭世，傍徨，煩悶，無聊；我在《貝多芬傳》譯序中說的就是指那個時期。」「精神仍復衰弱，不知如何遣此人生。」「就算遊歷過瑞士、意大利等，都不能平服精神的狂躁。」已不單是遊子思鄉的憂愁了。他常從大自然中尋找安慰：「我記得很清楚，我二十二三歲在巴黎、瑞士、意大利以及法國鄉間，常常在月光星光之下，獨自在林中水邊踏着綠茵，呼吸濃烈的草香與泥土味、水味，或是借此舒散苦悶，或是沉思默想。」最關鍵性的，是在一個偶然的機會，他讀到了羅曼・羅蘭寫的《貝多芬傳》，給了他震撼性的啟發和鼓舞，他憶述：「療治我青年時世紀病的是貝多芬。」回國後，他在致羅曼・羅蘭的一封信中說：「讀罷（貝多芬傳）不禁嚎啕大哭，如受神光燭照，頓獲新生之力，自此奇跡般突然振作。此實余性靈生活中之大事。」用詞如此激烈，可反映出他當時精神上深痛的困境。他度過了一個

其實是極險峻的關口。

　　一九三一年八月十四日，他與劉海粟夫婦，乘香楠沙號輪回國。船程的感受與四年前大不相同了。他過五關斬六將，成功地鑄煉好一把金鑰匙，壯志滔滔地負起一場重大的文化傳遞使命。他曾任教於上海美專等。一九四九年之後，曾任上海市政協委員、中國作協上海分會理事及書記等職。文革初期因政治迫害與妻子雙雙自縊。

　　這位永恆的赤子，像石崖上的樹，堅立在風中。在他的筆下，文學的魂魄從塞納河輝揚的波浪，輪迴至浩瀚的黃河長江。他極豐富的譯著，影響無比深遠。

10

戴望舒

巷子的另一端

丁香夢

「撐着油紙傘，獨自
　彷徨在悠長，悠長
　又寂寥的雨巷……」

戴望舒（1905—1950）這首成名作，竟無意地反映了他一生的感情生活。

一九三二年十月，戴望舒起程赴法。現代雜誌發表了銅版紙精印的兩面插頁，以「詩人之出帆」為題替他送行。這位二十七歲的年青詩人已是名滿神洲，本來並不需要一紙洋文憑來壯聲勢。

「我希望逢着
　一個丁香一樣地
　結着愁怨的姑娘。」

其實是在這位他夢寐以求的丁香姑娘的反覆催促下，他才終於去國飄洋的。他熱戀着摯友施蟄存的妹妹施絳年。只是，襄王縱使夢得殷勤，也無法牽動無心的神女。在戴的自殺威脅與兄長的影響下，她勉強與戴訂了婚，條件是要他赴歐深造獲文憑，其實是緩兵之計。戴千不情萬不願地踏上達特安號郵輪。在《航海日記》中，他說：「如果可能的話，

我真想回去了。」因為苦苦思念戀人與親友，他提筆想做些翻譯也做不來，「今天整天為鄉愁所困，甚麼事也沒有做。」有時「寂寞得要哭出來。」

他充滿夢想，選擇一個幽玄和動態的筆名「望舒」。源自屈原〈離騷〉：「前望舒使先驅兮，後飛廉使奔屬。」即驅月駕車的神。一家住在湖光靈瀲的西湖邊，父親是銀行職工，生活平淡安定。他深受父母和姐姐的愛護。三、四歲已懂閱讀中外童話，母親又常口述古典文學故事。聰慧過人的他，心中早已埋下文學種子。原本是美好的童年，豈料一場天花使他成為麻臉。在別人嘲笑的煎熬下長大，縱使一米八的軒昂個子，眉目俊秀，仍不禁暗裏苦惱自卑。生命像張畫布，一抹又一抹的命運筆觸早已塗下了底色。他抑鬱內向，裹着內心熱烈的火焰。十七歲便寫詩和小說。二十一歲時發表的〈雨巷〉，唱出了他的尋夢曲。

> 「她是有
>
> 丁香一樣的顏色，
>
> 丁香一樣的芬芳，
>
> 丁香一樣的憂愁，
>
> 在雨中哀怨，
>
> 哀怨又彷徨；」

在《小說月報》上發表後，葉聖陶大為激賞，說「這首詩替新詩底音節開了一個新的紀元。」有人力讚此詩深具象

徵意味，也有評為只是感傷浪漫，總之戴一夜成名。在蒸蒸日上的創作與翻譯事業間，他等待着丁香姑娘走近。

「她靜默地走近

走近，又投出

太息一般的眼光，

她飄過

像夢一般的，

像夢一般的淒婉迷茫。」

丁香姑娘似是近了，又其實仍很遠。在忐忑的等待中他來到了浪漫的巴黎，但他的生涯並不浪漫。

我行我素

他那不羈的詩人本性，使他與其他留學生迥異。學生中良莠不齊，質素差異很大。有些刻苦學習，有些無所事事。戴卻走一條很獨特的路，他不能忍受多規範的教育制度，更不願為了文憑便遵從學院的核心觀點，做筆記、寫報告……他勤奮地走自己的路。一面在索邦大學旁聽，一面在一所語言學院學習西班牙文。而最主要的是他埋頭埋腦地閱讀法國、英美和南歐文學，尤其是詩。他興趣廣闊，亦涉及各方

各面。行了萬里路，更讀了萬卷書，像飽吸陽光與水分的植物，他的文化修養欣欣茁長，自然地沁進他的創作之筆，同時致力翻譯。

他很快與法國革命文藝界聯絡上，將一些中國革命文學翻譯成法文。施蟄存致力幫助，不但在他主編的《現代》上為戴開了個專欄，更替他聯絡各方出版媒介，作有關西方文學推介和翻譯，以稿費提供經濟來源。但縱使非常勤力，忙得連寫信都沒空，仍常是經濟困難，一九三三年下半年窮到連吃飯都成問題。同時他明顯地感覺到未婚妻越來越冷淡，使他非常焦慮。物質與精神的雙重壓力，使他的日子吃力而徬徨。

河岸書檔

花都的繁華他沒有享受的份兒，最大的免費娛樂是逛書店書攤。如果要尋找戴望舒在巴黎的足跡，主要是來到塞納河畔的書檔。他寫了一篇題為《巴黎的書攤》的散文。他嗜書如命，雖沒錢買，說「就算摩挲觀賞一回空手而返，私心也是很滿足的。」只要擠得出點兒餘錢便忍不着買好書，尋到一些珍品便歡天喜地，漸漸也積下了不少。

其實十六世紀在兩岸已開始有流動的街頭書檔，在城中心，有九百多個書櫃。戴望舒當年見到那些墨綠色書櫃，是

在一九三〇年，他抵步前不久才全部劃一尺寸和形狀的，沿用至今。沉實地承載書本中的繽紛天地。這種顏色稱為「車廂綠」，因為是與第一代地鐵車廂同色。它和街上那些由四個女神像作支柱托着圓頂的仙女泉，和貼滿廣告的粗大海報柱同色。至今已融入花都街景風貌中。現在河岸書攤仍十分吸引遊人，我多愛去左岸。

戴望舒提到加路賽爾橋「雖然位置在巴黎的貴族的第七區，卻一點兒也找不出冠蓋的氣味來。」到今仍然一樣。那是巴黎特別美的一條橋，有時幻想當年詩人在書堆中尋寶的影子。我最喜愛則是繼續東行一點兒，過了聖米修大道，接近聖母院那一段。路上是書店、咖啡店等，親切得多。新舊書籍之外有些版畫、舊圖片、郵票、錢幣等，沒有完全被現代流行商業吞噬。看夠了書檔也可從石階下去最接近河邊的堤岸。很熱鬧的河面，觀光船隻不斷穿梭，來自世界各地的人愛向岸上揮手，我也喜歡回應。晴也美，雨也美，河上起霧時就會更感受到戴望舒說的：「況且薄霧的塞納河又是這樣的窈窕多姿！」

戴望舒最大的免費娛樂是逛塞納河畔的書檔。

當年戴望舒鬱結地走在里昂寂靜的街頭。

里昂書窗下

〜〜〜〜〜

　　戴因生活太苦，又遠離自己的文化和創作環境，很想返國。經施蟄存和家人力勸下才熬下去，轉到費用低很多的里昂中法大學，更獲得了助學金，生活問題解決了。

　　他選修了法國文學史，本來正是他的興趣。若循校方規定，要四年窗下苦讀，每年年底過文憑考試關，才可以一步步地將碩士學位拿到手。但這實在與戴的性情格格不入，很快他又故態復萌，別人上課的時候，他率性讀自己喜愛的書，同房的羅大岡記得他總是在房中窗前日以繼夜地翻譯。第一學年底已受到校方警告，但他繼續我行我素。他沒有作有系統的主題研究，只是隨興之所致去讀和寫。有人批評他白混日子，過藝術家的逍遙生活。這些說法很不公平，他是十分努力地投入工作，只是不循世俗軌道。羅大岡正相反，勤勉地學習法國文學，終獲碩士學位，後來更上巴黎取得博士。他曾經關心地與戴談，為何持這樣的態度？戴說自己也不知道。他本是為了爭取一紙文憑作「娶妝」（不是嫁妝）而來，也許他下意識地感覺到，文憑雖有它的客觀價值，是現實中有效的通行證，但保證不了愛情或創作。總之，這個重大目的仍敵不過他的真性情。

革命與文學交織

看似溫文內向的詩人，其實有很衝動的一面。一九三四年春，巴黎與各大城市爆發反法西斯示威。在里昂的他參加當地羣眾的遊行示威。同窗好友羅大岡形容他「對羣眾運動有自己不能遏制的激情」。他「還和一些示威羣眾將停放在街旁的小臥車推翻，打開油箱，放火焚燒汽車。看見警察追過來，他們立刻混入熙熙攘攘的遊行羣眾隊伍，警察抓不住他們。」羅責難他去做些這樣冒險的事，因為唯一的黃臉孔很容易被認出來，不但會自己受難，更恐怕會連累其他中國學生。但戴答道：「當時胸中反法西斯的熱血奔騰，也就不考慮甚麼後果了。」爭取正義，一直在他的血脈中。文學與革命在他身上交織。

一九三四年八月他去到神往已久的西國，又禁不着再次參加了西班牙進步羣眾的反法西斯示威遊行。可是這次卻被西班牙警察逮捕了，與法國警方聯絡並通知里大。參加政治活動是受禁的，加上一年半多以來他既沒上課，亦沒有獲得任何學分，違反校規。學校順理成章地將他開除了學籍，並限三天內離境。

不過，現在里大舊址前面，立着那座代表學校最重要人物的十人雕像，他在其中，更為他種了株丁香，也真諷刺。這亦顯示出才華終於勝過規例。

戴使盡方法拖延了一些日子，以能重上巴黎拜晤他心儀

的當代詩人許維艾爾及匆匆與數個好友道別。再下里昂坐火車到馬賽，只有羅大岡一人送行。因為是被開除後遣送回國，他坐待遇非常惡劣的四等船艙。行囊中並沒有婚約需要的文憑，只有三年的窮困、苦惱和矛盾。創作方面只有五首詩：〈見勿忘我花〉、〈微笑〉、〈霜花〉、〈古意答客問〉和〈燈〉，且不是他最出色的作品。

在多數人眼中他落魄地空手而回。但如何真正計量他這次西遊的得失？人生旅途上，總是被一種盼望，像隱形的繩子牽引，在個難以看到真相的嘉年華會中尋找理想，亦是尋找自己。

雨巷的另一端出口

回國後證實了未婚妻已移情別戀，他痛苦地解除了婚約，結束了這段八年的絳色單戀。跟着戴有兩次婚姻，結局都是妻子要離去，給他打擊很大。

「我身旁飄過這女郎；
她靜默地遠了，遠了，
到了頹圮的籬牆，
走盡這雨巷。
在雨的哀曲裏，消了她的顏色，
散了她的芬芳」

雨中丁香一樣的姑娘在他生命中永遠若隱若現，像不長久的幸福。有很多說法，這姑娘並不僅指一個女子，而是象徵幸福或是一個理想社會。總之，後來他的詩風漸轉變，三三年結集《望舒草》時已不將此首成名詩收進去。

　　他的感情生活，一輩子都沒法走出這條雨中的死胡同。不過他的作品已從窄巷的另一端走了出來，走到了一個深遠的天地。他留下了的九十二首詩，奠立了他在中國現代詩壇的重要地位。他一生轉折，美好的日子都不長久，更多時處於痛苦與失落之中。在香港他積極作抗日宣傳，牢獄中受盡酷刑，打不碎他那堅貞不移的氣節，但摧毀了他的健康。抗戰勝利後被誣為漢奸，更是極大打擊。後於北京任新聞出版總署法文科科長。一九五〇年，還未滿四十五歲便離開人間。

　　〈獄中題壁〉，寫照了他留下的光彩：

「當你們回來，從泥土

掘起他傷損的肢體，

用你們勝利的歡呼

把他的靈魂高高揚起……」

11

徐志摩與曼思飛
（Katherine Mansfield）
兩顆彗星相遇

地球兩個極端點

徐志摩說：「美感的記憶，是人生最可珍的產業，認識美的本能是上帝給我們進天堂的一把秘鑰。」而對於他，曼思飛就是那把秘鑰。

徐志摩（1897—1931）與曼思飛[1]（Katherine Mansfield（1888—1923））在倫敦曾有一次短暫的會面。他對她的才情與容貌都驚為天人，自己也訝異：「真怪……只不過二十分鐘模樣的談話，但我怎麼能形容我那時在美的神奇的啟示中的全生的震盪？」她在徐志摩的心中是「完美女神」。他說那是：「二十分不死的時間。」這位紐西蘭首席女作家，在威靈頓出生，在法國楓丹白露附近逝世。法國與紐西蘭，是地球上兩邊的極端點，不但地理如是，氣氛亦然。這邊廂像個風華綽約的沙龍女主人，那邊廂似個清樸盈盈的小家碧玉。

我們離開在恐怖分子威脅下的巴黎時，戴高樂機場中一隊隊荷槍實彈的軍人在巡守，一片風聲鶴唳。越過了半個地球，小小的威靈頓機場中，工作人員悠然跟旅客閒話家常。

1　徐志摩譯作曼殊裴兒，有譯作曼斯菲爾德。

盜火女作家

　　這個在南太平洋由南北二島組成的國度，郊野是連綿不盡的綠油油，千萬年來火山起伏形成波紋似的地勢。首都威靈頓是一個不很大的城市，離市中心不遠處已是很幽靜的地區。在一條閒適的街道上，一個小花園中，一座十九世紀維多利亞式的兩層白屋子便是曼思飛出生的故居。

　　這個奇女子，被喻為「自焚的盜火人」，是一個終生流浪者。她的生活方式和感情都十分放任不羈，永遠在孤寂與疾病的折磨中尋找光明。她任銀行經理的父親建立了舒適的家庭。我們踏進那間不算很大的屋子中，客廳、飯廳、椅桌邊、鋼琴前、臥室中……氣氛溫暖，如《蘆薈》一書中，她筆下童年時光中的溫馨時刻。這樣的氣氛，就像看到少時的曼恩飛：大眼睛、害羞怯弱。曼確像她的故鄉，外表清美謙靜，到處是綠油油的草地斜坡，而下面壓着熾烈的火山。

　　她十五歲時曾到歐洲求學兩年，但是回紐西蘭後難以忍受充滿規限的家庭和保守的社會，一九〇八年離開了這間舒適的屋子和平靜的家鄉，重赴歐洲，竟然永沒有再回來。在英國，曼思飛擺脫枷鎖，過着憧憬的波希米亞式生活。但生命往往就是如此矛盾，無拘束的自由並沒有帶給她快樂。翌年她與歌唱教師布朗結婚，但她幾天後便離開他了。跟着那年孩子夭折，而她永不能再生育，對她是個沉重的打擊。英國陰寒多霧的氣候極不適合她的病弱之軀，所以她常往

返於瑞士、法國南部和意大利之間，尋找燦爛的陽光。但一九一五年她疼愛的唯一一個弟弟在戰場逝世，對身體屢弱的她是雪上加霜，更激起她對家人疏離的內疚和對故鄉深情的回憶。

　　一九一八年她與藝術理論家麥雷（John Murry）結為伴侶，但同年被診斷患肺結核病。而夫妻之間後來亦產生重重矛盾。這段期間，她首次接觸俄國文學，像發現了個寶藏洞，使她極為震撼與傾服，尤其是契柯夫，成為了她的靈魂導師。翌年她到法國南部的海邊度假城濱都（Bandol），像找回了紐西蘭，在陽光普照、藍天碧海間她開始寫作。完成了《序曲》，可說是她踏上文壇的首部重要作品。她並不特別着重情節，而多描述細處。有時以意識流手法，捕捉生命中一些轉瞬即逝的片段。當年她千方百計要離開的家鄉，成為了她寫作的泉源。紐西蘭與契柯夫，在她身上匯成了一道晶瑩的清流。她多以家庭境況和女性掙扎為題，寫了好些短篇小說，如《玩具屋》、《幸福》等。她最著名的作品《花園宴會》也是以家鄉為背景，很有代表性。她有如女主角小羅拉，從中產階級優雅的花園宴會中走出來，面對生命與死亡的迷惘。

永恆的二十分鐘

憑這幾本短篇小說集，她三十出頭便在英國文壇上佔了顯著地位。當時的英國現代派重要作家羅倫斯（D.H. Lawrence）對她激賞，而才高氣傲的吳爾芙（Virginia Woolf）亦承認，她唯一嫉妒的對象是曼思飛。

比她年輕九歲的徐志摩正在英國劍橋，很渴望一見這位名重一時的新派女作家。因為認識曼的丈夫雷麥，便趁着她到倫敦小住兩週，約好了前去拜訪。他詳細寫下那晚的情況。一九二二年七月，一個大雨滂沱的黃昏，來到他倆的寓所。但曼因體弱，不能下樓見客。徐等到十時半，不好意思再留，只有失望地起身告辭，連雨衣都穿上了，終於麥雷挽留他上樓一見曼。他很激動，像是遇到仙女下凡，發現「她是女性的理想化。」

二十分鐘的見面，後來他寫了篇七千多字的長文，其中約一半篇幅都是對曼的讚歎。「至於她眉目口鼻之清之秀之明淨，我其實不能傳神於萬一……」。無疑曼的輪廓清俊，但帶寒冽，筆直的眉端微蹙，大眼睛深沉明亮，像個冰美人。她的老朋友曾形容她「帶仙氣、鬼氣」。雖才三十出頭，但她心靈飽歷折磨，況且那時她已病得很重。而徐將她比作貝多芬和華格納的音樂，米蓋朗琪羅的雕像等，都是浩瀚的美，難以想像承受於這弱不禁風的軀體上。徐寫的已不只一個女子，而是肉身之外，昇華為女性美的象徵層次吧。「只

覺得整體的美，純粹的美，完全的美⋯⋯你彷彿直接無礙的領會了造作最高明的意志，你在最偉大深刻的戟刺中經驗了無限的歡⋯⋯她彷彿是個透明體，你只感訝她粹極的靈澈性澈。」又說：「曼殊斐兒音聲之美，又是一個奇跡。一個個音符從她脆弱的聲帶裏顫動出來，都在我習於塵俗的耳中，啟示一種神奇的意境⋯⋯」但事實上她說話聲音稍高，肺管中便如吹吸管似的呼呼作響。她每句語尾收頓時，總有些氣促。

徐是對美特別敏感的浪漫主義者。以絢麗的形容詞來描述曼之美，有時不免浮誇，不過確是全心全意的傾慕。「我那晚和她同坐在藍絲絨的榻上，幽靜的燈光，輕攏住她美妙的全體，我像受了催眠似的，只是痴對她神靈的妙眼⋯⋯」

靈駒相遇擦出光芒

兩人相談很投契，有如兩匹心意相通的靈駒，在茫茫文學原野上相遇。她很高興與這位來自遙遠東方的年青文人交流，觸及好些共同興趣的重要話題，如關於英國當時最風行的幾個小說家。又說因她最常和哲學家羅素夫婦談起東方的好處，她本來對中國景仰，更進而為熱忱的愛慕。她最愛讀翻譯的中國詩，更再三勸徐去試試，因為她認為中國詩只有中國人能譯得好的。此外，兩人都很嚮往俄國文學。「她問

我回中國去打算怎麼樣，她希望我不進政治，她憤憤的說現代政治的世界，不論哪一國，只是一亂堆的殘暴，和罪惡。」後來說起她自己的著作，徐說她的太是純粹的藝術，恐怕一般人反而不認識，她說：「就是這樣了，我們永不會成為大眾化。」淡淡地處之泰然。徐說以後也許有機會試翻她的小說，她很高興，卻很謙迅地說，就怕她的著作不值得翻譯的勞力。

　　兩人一見如故。可是徐見她說話時「她天才的興奮，偏是逼迫她音度的提高，音愈高，肺嘶亦更歷歷，胸間的起伏亦隱約可辨。」他很心痛，不敢多留。她說盼望徐早日回歐洲，更約定了他將來如到瑞士要一起欣賞琴妮湖的嫵媚。只是，這是他們唯一也是最後一次的會面。這短短的會晤使徐十分震撼。他傾慕深刻，以後繼續將這份深情化為實際行動，將她的作品翻譯和介紹。像兩匹在文學原野上奔馳的靈駒相遇，擦出晶瑩的光芒。

小城荒塚

───── ⌒⌒⌒⌒ ─────

　　回到法國後，有一天我們專程前往巴黎南面八十多公里的楓丹白露，城旁一個名不經傳的小鎮雅風（Avon）。兜了許些圈才找到「矮居隱修院」的遺址。修院偌大的園子已劃分為兩部分，在一邊更建了一所新式的醫療所。那座曾作為

「人類和諧發展中心」的古堡已停辦，成為了私人產業。

曼在與徐短短的會晤後不久即獨自回到法國，然後住到這兒來。這個中心由俄籍哲學心理學家古德傑夫主辦的，住了四十多個俄羅斯和英美文化人，通過日常生活勞動，互相交流討論，找尋人生真諦。園林闊大幽靜，我們在兩排大樹下的濃蔭徑上來去徘徊，想像曼當年常在此散步的幽幽影子。問了很多人，沒有一個知道曾有一位舉世聞名的女作家在此度過她生命最後的日子，好些人根本從來沒有聽過她的名字。就要承認，文學世界並非普遍受人關注，一個異國作家與當地隔膜更大了。何況來醫療所的人，不是憂心忡忡的病者或家屬，便是忙得團團轉的工作人員，連此處曾是甚麼「和諧中心」都不在意。

曼思飛百病纏身，仍要參入這社團，可見她心中仍是渴望着追尋精神皈依。有幾位住客憶述這位年輕的女作家，神態溫藹怯怯。她說有很多事想做、有很多東西要寫，仍想把握生命。但聖誕節時她的丈夫從英國過來探望她時，她不斷吐血斑斑。一九二三年一月九日淒厲地咯血而終，正如徐志摩悼亡詩中所說：「聽子規在百合叢中泣血。」在雅風鎮的公墓，埋下了她那在病痛焦慮的陰霾中追尋陽光的短速一生。

我們在大雨滂沱中來到墳場，使我想到徐和她會面那個晚上，也是淋漓大雨。好不容易才找到一個小小的指示碑子，終於來到她的墓前。簡樸的一塊石碑，散佈着青苔，無限荒涼，明顯地是沒有受到怎樣打理。雖然曼在法國文學界

的地位很崇高，但畢竟屬小眾，在遙遠的異國便是這樣了。有些作家藝術家的墳墓成為旅遊景點，相信定非她所願。其實生命已是不可預料，身後更當然了。當然都要看與實際有何關係，例如一九二〇年她曾在法國南部與意大利貼鄰的小城盂桐（Menton）居住。有次我們經過這個美麗的小城，在斜坡上，俯視碧藍的地中海。在離火車站不遠幽靜的一角，來到椰樹掩映的大宅 Isola Bella，曼是在此寫下《幸福》。這地方現被紐西蘭政府改為作家居所。地點與時代接銜上了，以新的活力繼承傳統。而一個墓，畢竟只是過去的留痕，如果沒有受到有關人士特別處理，也只會寂立在風雨苔痕中。耳畔彷彿聽到「千里孤墳，何處話淒涼。」不過反正不影響她的作品的魅力。

墳上有束小小的花，已十分殘落，定是讀者致意，但相信尋到來這兒的人並不多。我後悔來時太匆忙，沒有帶來一束小花奉給這位我十分喜愛的作者。想到一九二五年四月，徐志摩到法國遊歷時，曾專程來到這偏僻的小鎮掃墓。我竟是踏着他的足跡在此留連。不知那時他有沒有帶來一束花？不過，他翻譯她的小說就是給她送上一大束永不凋謝的天女之花，並散在東方大地上。在徐的譯作中，曼的作品佔了很重比例。他撰文介紹過的英國作者除了哈代、拜倫、雪萊等幾位大師外便是曼，而且寫及她時字裏行間洋溢着特別的感情，真是分外偏愛。甚至在中國引起新風氣，如他稱凌叔華為「中國的的曼思飛」。

想到徐志摩寫的那首深情的悼亡詩：「……我昨夜夢登

高峯／見一顆光明淚自天墮落……我與你雖僅一度相見／但那二十分不死的時間！／誰能信你那仙姿靈態／竟已朝霧似的永別人間……你記否倫敦約言，曼殊斐兒！今夏再見於琴妮湖之邊……」徐志摩寫詩追憶外國作家，她是唯一的一個。他寫此詩時，歎息未能在湖邊再遇，但自己不會料到，九年之後，便在天上重逢。九年在永恆中是多麼微不足道的一瞬間。兩個燦爛的天才，都像天際閃過的彗星。曼在三十五歲逝世，徐也是在還差兩個月便三十五歲時離開人間。

我愛讀曼思飛，為了那淡然，不着痕跡的清雋文字，像盪漾的水波，漫着恍惚無可排遣的抑鬱，把人捲了去一個不安但晶瑩的境界，是極為優美的享受。著名意大利文學評論家史泰提（Pietro Citati）把她的風格形容為「以翼子對抗風的考驗的蝴蝶」。她作品不多，只留下了六冊短篇小說集，一本詩集，以及書信和日記。在「和諧中心」時，有人問她是否寫長篇、悲劇或戲劇，她近乎歉意地說：「只是短篇。」她不重情節而着重內心世界的描寫，在當時是個大創新，被視為打破了傳統框框，是現代文學的革命先鋒。短篇小說在文學國度中似是不佔最重要的地位，但二〇一三年時雅麗絲・門羅（Alice Munro）憑短篇小說獲諾貝爾獎，史前無例，不禁使人改觀。門羅的婉約深沉風格與曼很接近，她亦直承深受曼的影響。

離開墓地時雨已稍歇，同時也想到地球另一端。當我離開威靈頓那幽靜的白屋子時，曾依依地回頭望，想像那個執

意離開後再沒有回來過的女子，短促飄泊的一生，文字閃爍。百多年後仍有許多人不辭千里去尋找她的痕跡。屋若有情，會如何感歎？

曼思飛的故居。

12

華幽夢，夢紅樓

夢的輪迴

初到法國時，有位朋友帶我去巴黎北郊約三十公里一個古修院遺址，參加一個晚間音樂會。印象非常深刻的，是黑夜中兩邊石路的地上每隔不遠便有一個小玻璃杯盛着蠟燭，像條搖閃的星星路。演奏廳古老的石牆高處有許多大窗洞，鳥兒飛進飛出，如幻如真。離去時，偌大空曠的園中，抬頭見到一個比黑夜更黑一些的高瘦影子，原來是倒塌了的大教堂所剩下的孤塔，似個寂寞的巨人，在遺忘河中固執地想要紮根。淡淡月色下，無比淒美。「冷月葬詩魂」這句子忽在耳邊幽幽響起，那時完全不知道，瀟湘妃子與怡紅公子的魂魄，可能正在附近飄蕩。華幽夢修道院（Abbaye Royaumont）確是承載着一個來自遙遠中華的幽夢。

一九八一年，《紅樓夢》法譯本由法國著名的伽里瑪出版社發行，收在世界鉅作雲集的《七星文庫》中，轟動一時。李治華（1915—2015）和雅歌（Jacqueline Alézais（1919—2009））這對夫婦，與安德烈・鐸爾孟（André d'Hormon（1881—1965））這「譯林三友」，在翻譯國中築成了劃時代的「大觀園」。

一九一五年在北京出生的李治華，廿二歲時赴法留學，在里昂大學文學院遇到未來的妻子雅歌，之後就職於法國國家科研中心和東方語言學院等。一九五四年他與志同道合的妻子開始翻譯《紅樓夢》，不懂中文的雅歌將他的法文譯

稿作初步修改潤色，再由精通中法文學的鐸爾孟深入審校推敲。

痴情中國的鐸爾孟

———— ❦ ————

鐸爾孟，字浩然。這位法國人深懷着中國情意結，簡直不離不棄，莫失莫忘，一輩子都活在中國夢裏。一八八一年他出生於一個貴族家庭，是個私生子，在那個時代無疑極為社會不容，不久母親便自殺了。他由祖父母養育長大，心中肯定漫着無法驅散的陰影。鐸爾孟早年曾跟隨時任大清帝國駐法使館武官唐在復，學習中文。一九〇二年，他與赴法留學的李石曾成為莫逆之交。一九〇六年，二十五歲的鐸前往中國，豈料一留便四十八年，其中只有兩年回過法國。他首先是由唐在復推薦，擔任醇親王的家庭法語教師。北洋政府時期，他當過外交顧問，他提倡民主選舉、建議成立完善立法程序，但很快地，他對政治失望而退出這圈子。

他住在北京新鮮胡同，身兼數職，生活充實豐富。他專心從事教育與促進中法文化交流，任教於北京大學，參與創立北京中法大學並任教，就在此時李治華上過他的課。後來他負責籌辦北京中法漢學研究所並擔任所長。同時他是個詩人，有着浪漫的一面。當法國詩人聖尚佩思在北京的時候，有時他們會一起跑上西山寫詩誦詩，但跟着鐸就會把作

品燒掉，不留痕跡。他說中國是個禮儀之邦，要入鄉隨俗，所以衣食習慣都完全像一個中國人，而對中國文學詩詞更有深入研究。他一生痴迷中國文化，並致力向西方宣揚中國文化的優越性。因深信一生都會在中國度過，他在西山買好了墓地。豈料一九四九年，新中國成立，中法無邦交，研究所要撤退全部人員，鐸是最後一批離開中國。回到舉目無親的故鄉，確是少小離家老大回。在一次記者訪問中，他黯然道：「我擁有的一切都留了在中國，只有一個微弱的夢想帶回來。」七十三歲了，去哪裏？做甚麼？還有甚麼希望？連住的地方都成問題。終於在已成為文化中心的華幽夢古修院找到立足所，行李中都是夢的碎片，他說：「我開始為自己服喪。」他常穿中國服，不愛與人溝通，把自己關閉起來，完全是一個孤獨的異鄉人。

夢的約會

這時剛好李治華接獲聯合國教科文組織任命翻譯《紅樓夢》，條件是要有一位不但懂中文，更要精通終點語言的專家合作，李便前去找這位剛從中國回來的老師。從西山到華幽夢，也是天緣巧合。其實鐸在中國時已精讀《紅樓夢》，對於書中的詩詞以及一些建築、器具等名詞的法譯已下過功夫，現在都派上用場了。他倆開始了十年風雨不改的夢約。

李每週初都在巴黎工作，星期三回里昂。當年交通不便，每個星期二下午，李從巴黎乘一個小時的火車，再走四公里的路而來。每次帶來新譯的，經雅歌作了初步修改的文稿，鐸亦將上週修改好的稿拿出來互相商確，非常細密嚴謹。於是，大荒山無稽崖、赤霞宮靈河岸、茫茫大士、渺渺真人、十二金釵……都悄悄地踏進了這個與金陵隔了萬水千山的古修院。這本奇書輪迴進另一個遙遠的文字世界。鐸全心全意投入《紅樓夢》法譯，探索其間奧妙，推敲難題。是一段曲折的歷險和尋幽探勝，也藉此延續了他鑄在心底的中國夢。那時的《紅樓夢》各國翻譯版本有百多種，但多是節譯，尤其是避過詩詞。這「譯林三友」則堅決進行一百二十回全譯。紅書中採用了多種中國古典的韻文形式，對於譯者是重重難關。李對此項目最沒把握，曾說：「幸虧當時有浩然師幫助，不然的話，我個人是無法勝任的。」鐸對詩的功力深厚，多採用古典法文格律詩的亞歷山大體將詩詞歌賦譯出來，像煉丹似的，遠遠超越了普通的校閱。他在給朋友的一封信中說：「離開北京時我的確覺得老了，但《紅樓夢》又把我重新激活。」

十年後，《紅樓夢》第一次修校已完成了，但鐸仍不滿意，為了精益求精，要進行第二次修校。可惜在修校到第五十回時，八十七歲的鐸離世。之後，李氏夫婦堅持下苦工，一面教書一面繼續此項重大任務，尤其致力於增加引文和註解方面，十七年後全本法譯《紅樓夢》才終於面世，前後廿七年，毅力的爐火鑄成了這個寶鼎。關於這段事跡，

最初作出研究的是錢林森的《紅樓夢在法國》，深入介論此項盛事的發展過程和文化意義。而鄭碧賢的《紅樓夢在法蘭西的命運》，以紀實小說形式記載這個動人的故事，資料豐富，難能可貴。二〇一四年因紀念中法建交，北京衞視台拍攝了「一個法國人的紅樓夢」紀錄片講述此事。

古修院，由來同一夢

華幽夢始建於一二二八年，正是南宋時期。這所修都會（Cistercien）修道院是由路易九世成立，他常來此居住。雖是為了作靈修之所，但到底是為皇室而設，建築風格都帶華美的細節，有異於崇尚簡樸的普通修道院。悠長的歷史中它當然也經歷過無數風浪，大革命時被國家收購用作紡織廠，三百多個工人合力拆掉教堂，用那些石頭來建工人宿舍。奇怪是拆剩了一個塔，就是現在孤零零地立着的遺跡，像支奇怪的火箭。幾經波折，華幽夢成為文化中心，一九六四年成立華幽夢基金會，目的是通過科學進步追求人際和平。現在以音樂活動為主，宿舍主要用作接待音樂人。而且非常吸引遊人，更被五十多套電影或電視劇取作背景。這許多年來，不知有多少樂章的思維與《紅樓夢》的餘音迴繞。

前年重遊華幽夢，剛經過重大裝修，在歲月留痕上處處是新氣息。碰上晴朗溫爽的週末，草木欣盛的大園滿是遊人

的嬉笑，更是一對接一對的新人在拍結婚照，伴着一羣羣打扮漂亮的親友，一片喜氣洋洋，真像迎春題詠大觀園，「誰說世間有此景，遊來寧不暢神思」。連那個塌剩一半的高塔，此刻都似忘了自憐孤獨。

最近又再前去，下着微雨，很少人，便能體會此地的幽幽境界。約了負責文物部門的呂高荻女士（Nathalie Le Gonedec），她帶我們參觀了鐸爾孟住了十年的房間。古建築氣氛莊穆，一樓靜寂長廊盡端，一一零號室門邊懸着塊紀念牌。小室十分簡單，一桌一椅一張單人牀，卻有一個怡人的大窗，放眼就是高樹草坪。呂女士說鐸留下了一個小型中國藏書庫，修院多次修建後，已將藏書送了到耶穌會圖書館。然後與基思佩女士（Isabelle Crespelle）相談，她的丈夫是當年文化中心的主席，更是鐸的遺囑執行人，依他囑咐：將仍在生的朋友的書信交還、已故朋友的書信和他在華幽夢的日記全部焚燒、身體器官捐作醫學用。那時年輕的基女士每天與他相處，約七年間都一同用膳，說他對人很是和藹可親。他愛講述典故，更會開玩笑，替人起別號，喚她做小蜻蜓。可能漸安頓下來，與初回國時有了轉變。大家只知他作翻譯，他並不多談詳情。

他不願留下任何痕跡，是對生命焚稿斷痴情，落了片白茫茫大地真乾淨，有人猜想因翻譯留名亦非他的意願。無論如何，雖然未能如願葬在西山，其實他葬了在那三千多頁薄薄而深厚的書紙間，活得又廣又遠。由來同一夢，休笑世人痴。

小室中可有漫着曹雪芹的氣息？

13

小橋流水革命曲

小橋流水

正是夏天繁花時節，橋欄上、窗檻邊，一片柔麗繽紛。盧菀河（Loing）、佩素河（Puisseaux）和布里亞運河（Canal de Briare）婉轉地流過蒙達志城（Montargis[1]），一百三十多座小橋，水靈靈，幽靜舒閒，好一副典型的法國安居樂業圖。而且這區以盛產蜜糖馳名，更隱隱添了點溫馨氣息。蒙達志像多數城市，有堡壘、教堂等古色古香建築。曾看到一九〇〇年左右的市容舊照，街道上許多房屋與今天都無大異。如果不是那些現代化的商號招牌和汽車，完全可以回到一百年前。橋上、路邊擦肩而過好些黑髮黃膚的年輕人，那個矮小敏捷的，不正是十六、七歲時的鄧小平？還有蔡和森、趙世炎，及常來此處的周恩來……這個小城，曾經譜過一首遠在地球另一邊的澎湃革命曲。小橋流水人家，勁道東風駿馬。

1　有譯作蒙達爾紀。

勤工儉學大本營

一九一九年，第一批共八十九個勤工儉學生在上海黃浦碼頭上船前赴法國，抵步後主要暫居於蒙達志。停留的時間長短不一，後來分散去了法國各省。但兩年多間先後四百多個東方人來此往過，在一個人口不多的傳統中部小城無疑是很矚目。

我們與畫家陳建中夫婦同遊，從巴黎南下一百公里，經過茂密的大森林、富庶的農田和畜牧地。汽車停了在古城外的大停車場，正對着旅遊資詢局。他們預備好了一份「偉大的足跡」地圖，讓人按圖索驥。踏上一條闊大的橋，便來到古城中。沿着指引，很快便來到窄長幽靜的特里爾街（Rue Raymond Tellier）十五號。一間有三百年歷史的三層樓房，當年一些華人學子曾居於此，現成為了「中法勤工儉學蒙達志紀念館」。這間平凡的小屋，自己也預料不到有一天會承載起如此特別的一段歷史。

我們抵達時離關門時間只有十五分鐘，幸好接待小姐十分友善，告訴我們可以慢慢看。除了一套介紹勤工儉學運動的短片，展品主要是一些照片和文件。腐敗的清末，受到西方的突然衝擊，中國遍體鱗傷，軍閥、動亂苦患連年，經濟瀕臨崩潰。在這個關鍵性時刻，有些熱血人士渴望輸入西方文明作為救國之道。李石曾（1881—1973）在一九〇二年便到蒙達志農業實用學校求學，對法國的自由思想和先進

第二間，深藍綠門窗的便是「中法勤工儉學蒙達志紀念館」。

展覽館內。

科技都非常佩服。然後與蔡元培、吳稚暉、吳玉章等創立了留法勤工儉學運動，讓很多同胞能夠到法國留學，通過做工來解決學費，同時鍛鍊毅力和人格。這是十分崇高的理想。這個計劃一推出，反應便非常熱烈。兩年多間前後有十八省一千六百多個年輕人分二十批赴法，其中四川人最多，有三百七十八人，其次是湖南，有三百四十六人，六十名女生中有四十個是湖南人。

可惜理想雖高，實施方式不周全。況且那時大戰初癒的法國百業蕭條，許多學子找不到工作，無法勤工，更遑論儉學了。境況混亂困難，更有貪污、私利等，發生了無數爭執。因為在國內招生時無標準，質素十分參差。有人努力求學，有人遊手好閒甚至嫖賭飲吹。於是有人學業超卓，有人一事無成。也有人更不幸，如重慶來的羅永純，體格魁梧，豈料一到蒙達志便染上肺結核，幾個月後便喪生異國。而後來里昂中法大學成立後，因收生條件惹起巨大爭議，發生了搶佔里大事件，有些示威者被法國警方遣返回國。其實，不同派別和來源的留學生之間早已不斷發生劇烈的階級鬥爭。而這個運動最特別的現象和影響最深遠的是其政治化。一些激進分子深受馬克思主義影響，旅歐黨團組織建立，成為了中國無產階級革命搖籃地的海外分支，育出了許些共產黨基本幹部。

我們上到二樓。除了資料，亦有許多團體照片，當年的學子拍照時的衣着都整齊得體。舊照片叫人看得津津有味。有好幾張周恩來的照像，年紀輕輕已英氣勃勃。他雖不是住

在此城，卻是常常來參與戰友的活動。一邊牆上面是二十多位青年的放大照像，像醞釀中的星雲。有些在風起雲湧間成為國家棟樑，有些壯志未酬便為革命而犧牲了。與中國朋友一起參觀無疑特別親切，我們的血脈中流着相同的歷史。一面看一面談着這些人物的際遇，生命巨濤的力量使人震撼。

有一座蔡和森與向警予這對革命戀人的頭像，理想與愛情並融，在此城結為夫婦，純靜的白色雕塑，像凝聚了青春燦爛如神話的時節。怎會預料到後來的異離，而且年紀輕輕便犧牲？還有葛健豪，即蔡和森與蔡暢的母親，來法時已五十四歲。她是一位非凡女子，畢生為爭取人民幸福而努力。一九一八年四月，由毛澤東、蔡和森、何叔衡等人發起的「新民學會」，就是在她家成立的，豪氣干雲。另一壁牆上是毛澤東和戴高樂的巨照，及兩張紀念磁碟，分別是百年前的長沙湘江岸和蒙達志火車站，紀念一九六四年中法兩國全面建交。當時正是「詩人元帥」陳毅擔任中國外交部長。三樓的一邊是個小型會議廳，另一邊除了展出一些文件，亦有一些物品，如當年印刷宣傳刊物的桌子等。

當年足影

然後我們來到金貝特路（Rue Gambetta）上的市政廳，當年是男子中學，中國男生都在此上課和寄宿。何長工、王

守義、唐靈運、陳毅、李富春、李維漢、聶榮臻、徐特立、趙世炎、李隆郅、李立三、蕭子暲、蕭三等，都成為了在中國影響力巨大的人物。想像當年他們的年輕身影使人神往不已。沿此路走到三十一號便來到李石曾的故居前，現在是普通民居，不接受參觀，只在門邊有個小小的紀念銅牌。牌上寫着李石曾曾邀請孫中山和蔡元培等到此城講學，但找不到更詳細的資料。李石曾曾經在此城南郊的謝努寧（Chesney）農業應用學校攻讀，後來才去巴黎研究大豆產品。一九一五年更在巴黎西北郊哥倫市創立豆酪製品廠，為中國學生提供就業機會。當年他難以預料到，現在大豆製品已成為法國健康食品寵兒呢。

繼續走這大路，盡頭轉左來到杉松中學（Collège Chinchon）。建於一九〇四年，是歷史上第一所為女子而設的公學。中國女留學生們就是住在這兒。樹影下，想像走過英姿勃發的向警予、蔡暢⋯⋯中學的女校長杜蒙夫人的兒子荷內（René Dumont（1904—2001））那時未滿二十歲，與這羣年齡相差不遠的東方學生成為好友。幾十年後與蔡暢在中國重逢，當年的青春姑娘已是中國人大副委員長。

越過運河到古城近邊處，來到樹影婆娑的獨吉公園（Jardin Durzy），這兒有四十八種不同的罕見樹種，是散步憩息的好所在。在如此優悠的景色間，一九二〇年七月六至十日，「蔡向同盟」這對革命伴侶在此召開留法學生大會，提出改造中國的新政黨主張，豪情壯志，是啟發新思想的里程碑。沿運河而上不遠處便是一個氣派井然的法式園林，

中央有一座宏麗的獨吉府邸（Hôtel Durvy），現為博物館。一九一二年時李石曾在此與政府官員商討協助中國學生來法的計劃，獲得支持，所以翌年便有第一批學生來到此城，是後來勤工儉學運動的先聲。跟着便經過運河邊，運河沿堤的法國梧桐特別粗壯，原來是一七九〇年時植下的，也真閱人多已。城牆路上看到德紹莫府邸（Hôtel Desormeaux），這座夾於兩個古城牆塔中間的十七世紀建築物，便曾經是那位「中國之友」荷內・杜蒙的居所。杜蒙是個充滿理想的人，致力為貧窮的非洲國家推進農村發展。他曾多次前赴中國考察農村，並出版了四冊以中國農業為題的著作。中法復交後，他邀請中國駐法大使來蒙達志訪問。虧他的努力，

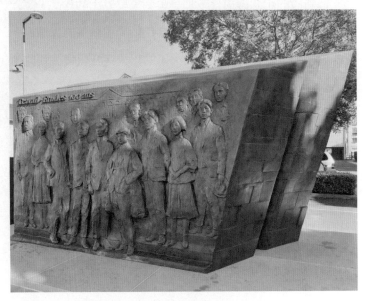

火車站前，鄧小平廣場上的紀念碑，是當年留學生精英的浮雕像。

這段漸被淡忘的重要歷史重新演現在照明燈下。就在這兒附近，當年一有座公共浴堂。那時的學生宿舍沒有足夠的衛生設備，學子們通常每週一次來此洗澡。不過現在已是私人住宅，不供參觀了。

百年紀念

到訪時是二〇一九年，正好是「五四」一百週年，也正是第一批勤工儉學生來法一百週年。五月四日那天，火車站前的鄧小平廣場上，有三百多位來賓，中國大使與當地政要為一個新設的紀念碑揭幕。那是雕刻家吳為山的作品，高差不多三米，闊四米半多，上面是當年留學生精英的浮雕像。空闊的廣場上，不少人下班從火車站出來，在日常生活的軌道上忙碌。而我們在紀念碑前，感受甚深。

回程時繞到城北附近的玉青松（Hutchinson）橡膠廠。當年曾有二百多名中國學生如王若飛等，在此每天工作八小時，工餘學習，十分艱苦。鄧小平在製鞋車間工作，住在工廠對面簡陋的工棚裏，並在此度過十八歲生日。這間工廠現在仍是業務蓬勃。樹林田野，富庶安寧。這個平靜的小城，卻潛着遠在地球另一邊一段浩瀚的歷史。

14

里昂
中法大學，小王子

戰堡大學城

一條河流過一個城市，已經帶來了無限悠蕩的夢想，更何況是兩條河呢？索恩河（Saône）和羅納河（Rhône）從兩方而來，流過古城里昂（Lyon），然後像赴約般匯合。互相漸漸接近的地帶，形成一段尖長的半島，是市中心。

福菲爾（Fourvière）山鎮守着此古城。山上西南峯有一個軍事堡壘：聖伊雷內堡（Fort St. Irénée）──中法大學的舊址。高牆數米多厚，堅厚的巨木門上面是幾排巨型圓釘頭，可以想像它關起來時威風凜凜的模樣。不過此刻它平靜地大開，讓人悠然踏進去。穿過像條短巷似的通道，迎面恍然開朗，是個高樹招展的遼闊大園。在草坡間沿斜路而上，不遠處，一座兩層的平樓前，立着十個並排的人像，是塊巨型厚銅碑似的現代雕塑，長七米多，從左至右是：教育家郭麟閣、敦煌之父常書鴻、建築先驅林克明、醫學教育家姚碧澄、北大校長蔡元培、社會教育家李石曾、婦女運動先驅張若明、歷史教育學家沈鍊之、鐳學先驅鄭大章（他曾到巴黎隨居里夫人門下）、詩人戴望舒。都是中國近代文化史上響亮的名字。銅雕由廣州政府送出，因為自一九八八年起，里昂與廣州結為姊妹城。

勤功儉學計劃實行了才不久便越來越多困難和矛盾，流弊、混亂、貪污。送來一批批的學生得不到適當的安排，沒機會勤工，更別侈望儉學。各主辦機構之間發生衝突，學生

不滿，爆發暴動「二八運動」，受到法方警察鎮壓，傷者無數。並成為黨派鬥爭和政治舞台。

一九一八年李石曾等在北京西山碧雲寺成立了中法大學，蔡元培任校長。一九二一年九月，在法國方面合作下，里昂中法大學正式開學，校址座落於古老的聖伊雷內堡。在法勤工儉學生以為從此可以從困境中解脫，但是很快他們便發現到原來大多數都被拒於這所大學門外，因為招生是在中國國內進行的。他們羣湧至里大抗議，發生了嚴重的「里大事件」。辦校過程波濤起伏，一直都辛苦經營。直至二十年代末，在法國的學生才可以報考這所學校。二六年起得到庚子賠款資助，像是踏着沉重的血淚餘痕尋找光明。

在這二十多年間，四百七十三個中國留學生（其中五十名女生）在此度過了他們的學習生涯。有些因語言或生活不習慣等原因，在這兒呆了幾個月便離去，但亦有堅毅地完成學業的，有三百四十四名學生成為學士或碩士，獲博士學位的有一百二十九人。在這兒培育過影響深遠的人才，除了上述人物，更有鄭嚴芬、蘇雪林、徐仲年、微生物學家閻遜初、海洋學先驅張璽、民族學家楊堃、生理心理學家朱錫侯和畫家潘玉良等等，回國後在各方面都成就斐然。

這是中國在外國唯一的大學。不過雖然稱作大學，學生們主要是在此寄宿，然後到里昂的各學院上課。絕大多數學子語言上都遇上重大障礙，先得過了學習法文這第一關才能開始真的進軍知識庫。最後一批到達的其中有將紅樓夢譯為法文的李治華。這些年青人離開風雨飄搖、內憂外患的祖

國。豈料到了第一次世界大戰傷痕仍未完全痊癒的歐洲，不久二次大戰又爆發，歐洲再度陷入水深火熱中。戰後的法國又致力於頹垣中重建，國際局勢動盪，中法大學在一九四六年停辦了。一九八〇至一九九九年，一些舊校友再繼續推動這理念，讓近二百名學生藉獎學金從中國到此深造一年，然後又沉寂了十數載。

新中法中心

中法大學舊址現被改為新中法中心。二〇一四年中法建交五十週年，習近平主席訪法第一站是里昂，並到此參觀。該中心在二〇一六年秋以新姿態正式開幕，繼續發展兩國間的文化和經濟交流。那座平樓，大門和窗子上都保留了當年圓拱形的結構，像一道道小橋的剪影，使到簡樸的建築物平添了優雅的節奏。這兒曾是活動中心，現在上層三百多平方呎的空間，為工商和教育界提供一個交流平台，而地面層主要部分是博物館，亦有一邊是臨時展覽廳。在館內，圖文並茂，記念這段重要的歷史。館後不遠處仍有古羅馬人留下的水道遺跡，聖伊雷內堡是里昂最早的城牆的一部分，可容八百個兵士，並有四十多噸容量的軍火庫。石塊早已飽吸了日月精華，見證過無限滄桑，更沁着來自遙遠東方的的氣息，精神境界更深廣了。

現在，城堡中建了一座座新式的大學宿舍，住着來自世界各地的學生，其中不少黃臉孔。本為作戰而建的城堡，變作尋求知識的基地。國立戲劇學院也落座在此，真是一幕幕歷史劇上演啊！在那兒漫步時，高樹掩映下，年青學生三三兩兩走在園中。想像當年那些遠渡重洋的中國學子的身影，他們在這個園中的時候都是滿懷壯志、青春華茂的歲月。那時可能沒預料到，之後在風起雲湧的年代，各自走上艱苦曲折的長途。他們離去時帶回知識行囊，亦留下了的中國文化種子，這些都使人出神。四百七十多個學子在茫茫學海中無疑只是極少數，但其中出了多名光輝四耀的人物。可說是中西文化交流長河上一個風采閃爍的重要渡口。

悠悠絲河

里昂與中國有深遠的淵源。絲路傳到法國，從十七世紀開始，里昂成為了一個重要絲織業中心，織造皇室貴族的華服。想像西方古遠的皇宮府第中，衣褶裙裾間無限纏綿與勾心鬥角，竟隱隱牽着來自中國不知那處鄉間的蠶園桑林，可夠奧妙。到了十九世紀末，上海和廣東出口的純絲有一半以上的產品都是運到法國。一八九六年七月李鴻章赴法時亦曾到里昂兩天參觀數間絲織廠和藏品豐富的紡織博物館。有人稱里昂為絲路的終站。這個盛況持續了五世紀，到二十世紀

五十年代因各種經濟和科技因素開始沒落，不過絲織業在此城中仍留着很深的痕跡。

我們來到聖伊雷內堡的那個早上，偌大園子中只有我倆。正在四處觀看時，忽然見到一個中國人，揹着沉重的攝影器材，起勁地拍照。很自然也攀談起來，原來是一位名叫衞京生的攝影師，正在實行一個大計劃——「絲綢之路全景圖」。他將絲路沿途景色拍攝下來，已踏過了萬水千山，一直拍攝到此，因為他也以里昂為絲路終點。像有一條悠悠絲河，將此城與遙遠的中國連繫起來。

中法大學的舊址。

古城多姿

離古堡只要十多分鐘車程便來到鎮在福菲爾（Fourvière）山頂那座潔白的教堂和頂尖上金亮的聖母像了，是個重要的朝聖地，亦是里昂的地標。它有一百二十多年的歷史，雖然宏偉，但是拜占庭與羅曼風格繁雜地混合，當地人戲笑它像隻四腳朝天的大象。不過裏面的馬賽克鑲嵌壁畫非常有氣勢，其中重要部分是關於最早期受迫害的天主教殉道者。里昂是天主教進入法國的第一個城市，直到今天，仍是宗教史上的重鎮。從這兒可以鳥瞰全城，都是紅紅的屋頂。山坡不遠處曾是羅馬人的聚居地，有個鬥獸場，可容納萬多觀眾，現在仍是人們歡度節日的勝地。

走下去山腳古城區，這兒的聖約翰大教堂有千多年歷史，天文鐘下午三次鳴鐘時都有古式人物旋轉而出，像從神秘的歷史穴洞中出來跟現代人打招呼。往右走是一束窄窄的古老街道步行區，滿街各式小店，更有「酒瓶塞」林立。這些以價廉物美馳名的小食肆，是里昂城傳統特色，可一嘗當地特產：香腸、玫瑰紅乾腸、梭魚丸等，嫣紅焦糖烤合桃的香氣飄滿街頭⋯⋯更要走進那些特別的「巷屋」，從一間屋的大門進去，原來別有洞天，巷中屋接屋。電影博物館紀念發明電影的雷明艾兄弟，也是一處重要的文化地標。

雙河城的小王子

過河便來到市中心的半島。一九○○年，《小王子》的作者安東‧聖埃蘇佩里（Antoine de Saint Exupéry）出生在半島的伏思爾街（Rue Fochier）八號，是典型十八、十九世紀的筆直寬闊大道，現已易名為聖埃蘇佩里街了。當時年幼的安東和他的家人當然不會意料到，世事竟會像童話般奇妙。

紅土地美庭廣場，本稱皇室廣場，在大革命時被易名為平等廣場，皇帝像被斷頭台取代。現在那個岸立在中央的路易十四神氣的騎馬像，是後來重新豎立的。安東四至八歲時，一家人曾住在這廣場的一號。當小安東在這銅像下玩耍的時候，當然更不會想到，有一天自己的雕像也會立在這兒。在廣場西南角一條高高的石柱上，上面飛行員和小王子靜靜地望着遠處。柱上寫着書中名句如「重要的東西不是肉眼可以看到」等。雖然遠不及皇帝像那麼矚目，但在今時今日，不知誰的魅力更大？太陽皇帝路易十四似是個法國乾隆，在位數十年，國家興盛，威名遠播，自是歷史上的重量級人物。小王子瘦瘦弱弱的，卻不聲不響地深入世界千萬人心中。在無人的深夜，空寂的大廣場上，時間沒有很大的意義，太陽皇帝與星星王子，會交換怎樣的心得？

安東‧聖埃蘇佩里來自一個末落的貴族家庭，三十多歲時，他的《南線班機》、《夜航》等作品已使他極享盛名，更

獲得了重要的費米娜文學獎。在朋友間他活潑佻皮，像是盡情吞享生命，其實內心焦躁抑鬱，常罩在無邊的孤獨感中，夢想在飛行中尋找真正的自由。他與原籍薩化多（Salvador）的妻子康素艾露（Consuello）就像流星遇到火山，十多年離離合合，一陣冰霜一陣朝陽，總又難捨難分。後來在紐約長島的寓所中他寫《小王子》，她就成為了那朵有刺且難侍候的玫瑰。但是安東牽掛着要回國參加自由法國軍，一九四四年他出航執行最後一次任務時失蹤。

里昂城中有一百二十多壁亂真壁畫，是著名景點，並舉世聞名。里昂畫家在地球不同角落留下重要作品，在上海也出現了一張，在普陀區武寧路，五千平方米的「法蘭西之旅」創世界紀錄。

中法大學與安東是兩道不同色彩的歷史留痕，本處於相同的時代和地點，但安東二十多歲起便至世界各地飛翔，恐怕沒有在故鄉跟這些來自遠東的學子碰過一個照面呢，相信沒有前生的香火姻緣。

15

拉丁區
午夜巴黎中國版

午夜巴黎是怎樣的？在活地亞倫的電影中，子夜時鐘敲響，灰姑娘跌回現實的時刻，一個年輕的美國作家在拉丁區夢幻開始。時光倒流近百年，他遇到海明威、畢加索、菲思哲羅夫婦等等二十世紀二十年代的名作家和藝術家。

　　中國版的午夜巴黎，差不多同一時期在這些街道上，則會先後遇到巴金、傅雷、徐悲鴻、常書鴻、艾青、馬思聰，冼星海……都是星星的步伐。可不知這些當年都很年輕的中外作家和藝術家，有否在這些窄舊的街道上擦肩而過，而並不知道對方會在文學藝術史上留下燦爛的光芒？

古老與青春

　　拉丁區在巴黎市中心左岸，佔整個第五區及第六區的北與東部。公元前五十年，羅馬人佔領巴黎河左岸，遺跡如鬥獸場、熱水浴等現仍存在。自十二世紀起，落座於這兒的大小學院都以拉丁文授課，沿以為名。這兒曾是全歐洲最重要的出版社和書店集中地，更有許多文化重點。因為沒有一個統一的「大學城」，不少高等學府和研究院散佈街頭巷尾，更有全國聞名的精英中學等。這些「大老爺」岸立着，街上、咖啡座上滿是學生和教授，一代又一代的尋夢者，充滿青春氣息。

　　李金髮當年這樣形容拉丁區：「是文藝界又是窮天才薈

萃的地方……蒼老憔悴，小街小巷……有無數小旅館，以備容納學生、窮人、單身漢、歌女。但不要小看這個貧民窟，歷史上，名家如羅丹、大仲馬、小仲馬、福祿伯、莫泊桑、笛卡兒等，都是從這個貧民窟奮鬥出來的。」百年後，當然有很多改變。雖仍保留了窄小街道的輪廓，但已經成為了黃金地段。遠地而來的文化人，只要說得出名堂的，差不多都在拉丁區留下過足跡。現代商業如熔巖般蔓延，不少書店、畫廊、出版社等已被時裝店和食肆取代。雖然如此，仍保留着一股無可代替的文化氣息，像一杯凍卻了的咖啡，濃濃的歷史，散着甘澀的冷香，待有緣人沾染。

夢特貝露堤

塞納河流過城中心，河中有兩個小島，是巴黎城最古老的地區。在學生時代，我曾在一間小畫廊兼職兩年，就在聖母院臨河左岸的夢特貝露堤（Quai Montebello）。每天我從畫廊的大窗看着對岸聖母院在不同光影下的變化，鐘聲悠悠響起時，總使人想到鐘樓駝俠暗戀美麗的吉卜賽女郎的淒美故事。二〇一九年這座宏美的古跡證物被大火蹂躪，幸好沒完全倒塌。現在每次經過都觀看修建工程的進度。

那時也最愛看堤上梧桐樹掩映下的舊書檔，盛滿散落的人間記憶。黃昏收檔後，一座座墨綠色的大書箱，更像鎖着

無完盡的秘密。往往不禁想到遙遠的敦煌，年輕的常書鴻，從萬里外的故鄉去到里昂，再上到巴黎，老是流連在這些書檔上，竟是在這兒第一次見到法國漢學家伯希和拍攝的《敦煌石窟錄》。給他極大的震撼，扭轉了他的命運，他毅然放下畫筆，前赴風沙大漠，投進了文化拓荒的偉大使命。

從河邊向西走，經過已成景點的莎士比亞書店，再越過聖米修廣場，噴水池邊牆上聖米修屠龍的巨型雕像下總是圍滿遊人。可以繼續沿岸走，經過「翰林院」法蘭西學院，再過去便是巴黎國立高等美術學院。那時我上午在美院上課，多是畫人體寫生素描，下午到畫廊兼職，黃昏又趕回來上美術史課，每天來回，則多走比較人氣鼎繞的「內路」。即是到達聖米修廣場後便轉進窄窄的藝文聖安狄街（Rue Saint André des Arts），之後轉進馬沙連街（Rue Mazarin），再轉美術街（Rue des Beaux Arts）而抵達拿破崙路（Rue Bonaparte）學校大門。

美術學院

這座古老的建築沁滿交錯的藝術史色彩，許多歷代大家從這兒出身。可惜我從沒有留到子夜之後，沒體會到在美院那些古老的牆壁與長廊間，中國版的「午夜美院」，會在這兒掠過徐悲鴻、蔣碧微、張道藩的氣息，與他們的千恩萬怨

嗎？還有常玉、孫佩蒼、方君璧、潘玉良等人的餘影嗎？他們其中一部分人與巴黎法政學院的謝壽康、巴黎大學的郭有守、英國劍橋的邵洵美等留學生結成的文學藝術「天狗會」，一時盛況，壯志滿懷。

在此留下年輕足跡的還有好些人，其中林風眠與老朋友李金髮各有千秋。與他們同來的林文錚後來成為了重要的藝術理論和評論家，與蔡元培長女油畫家蔡威廉結婚，二人將杭州國立藝術學院辦得十年欣欣向榮。木匠出身的滑田友從淮陰老家來到花都，在法國十五年，後成為了影響深遠的雕刻家。吳作人也曾到法國和比利時。吳大羽和方幹民後任教杭州美專西畫系，吳冠中、朱德羣、趙無極都曾是他倆的學生。他們是多受抽象、立體、野獸等當時流行風格影響，都在尋找中西繪畫之間一條新路。這些第一代的藝術擺渡人對中國畫壇的發展起了莫大影響。

美院在河邊，對岸便是藝術最高殿堂的羅浮宮。隔了不很闊的一段河，但對於在藝術圈起步的學子，卻是隔了遙不可及的萬水千山。而這一羣從遙遠東方而來的年輕人，遙望的不是對河，而是對洋的岸，在千萬里外。

艾青則沒有進國立美術學院，他本是來學畫的，但經濟困難，為了謀生，記述道：「大部分時間在一個中國漆的作坊裏工作，餘下的半天到蒙巴納斯的一家『自由工作室』去畫人體速寫，也不過是通過簡練的線條去捕捉一些動態，很少有機會畫油畫。」當年我們不少朋友都有類似經驗啊。三年的物質貧苦，孤獨和自卑中，他仍努力吸收文化養分，愛

上較前衛的作品。他回憶到：「我沒有條件進行有系統的學習和閱讀，只能接觸到甚麼吸收甚麼……」他於一九三二年一月參加了在巴黎的東亞左翼青年集會，深受感染，回國前幾天寫下〈會合〉一詩。是「蔣海澄」變為「艾青」的重要環節。回國後他在囹圄之中寫下〈巴黎〉這首長詩，他寫了此城「光榮」的一面：「……革命／暴動／公社的誕生」，又寫了自己對巴黎的憎恨：「巴黎，你 —— 噫／這淫蕩的／淫蕩的／妖豔的姑娘！」，「鐵石心腸的生物」。不過又說：「我恨你像愛你似的堅強」和「你這珍奇的創造啊，直叫人勇於生活。」所表達的已不只是個人的恩怨，而是受難者羣體的呼聲。而徐志摩寫道：「咳巴黎！到過巴黎的一定不會再稀罕天堂」，實在相映成趣。

詩市

　　從美院出來，很愛在那束畫廊林立的小街蹓躂。雖然現在巴黎已有數個不同的畫廊區，仍特別鍾愛這兒新舊交融的氣氛。沿着拿破崙路背着河走，經過聖日爾曼大教堂。不遠便是「花神」和「雙叟」這兩間咖啡店，是戰後知識分子常到之地，哲學家、文化人的聚腳處。現在已成為了遊客「到此一遊」的景點，沒有多少思想家在那兒聚會討論哲學了。越過聖日爾曼大道，繼續沿拿破崙路走，便來到了聖修佩斯

（Saint Sulpice）大教堂，自從《達文西密碼》出現後，因故事中有數段重要情節在此發生，吸引了不少遊客。其實這座被列為國家文物的宏偉教堂本身已有很多值得觀看的地方。

而每年六月初，教堂和第六區市政廳之間的大廣場上，是一連四天的「詩市」，像花市或菜市，詩像日用品一般，在街頭擺賣。不知從甚麼時候起，詩成為了學院裏，或是知識分子們的特權玩意，令很多人覺得高深莫測、敬而遠之，但其實詩本是來自大眾，屬於民間的。就算在法國文化氣息如此濃厚的地方，詩集和劇本都是出版界的「票房毒藥」。除了一些經典名著仍會有買者，一般現代詩集都大多數是孤軍作戰式地在茫茫人海間尋找知音，但偏偏又有許多不息心的痴人去做傻事。法國各地都有大大小小的詩節和詩市。以巴黎這個最為重要，有三百多間大小出版社參加。在綠溶溶的樹蔭下，圍繞着大噴泉，逐檔細看，再與三兩友人，去一旁的露天咖啡座上聊聊，是盛夏一首怡人的生活之詩。

盧森堡公園

面向教堂走進右邊短短的飛露街（Rue Férou），牆上印着《醉舟》全文。當年，那位才十七歲的詩人是在這廣場上的一間咖啡廳第一次朗誦此名作，蘭波迷請大家想像風把句子吹了到這兒。然後我們便抵達盧森堡公園，這個在

一六一二年便成立的公園，二十多公頃的園林，圍繞着宏美的盧森堡宮、上議院、博物館等等。那個寬大的溫室繁花似錦，有四百多種蘭花。在樹蔭掩映間立着一百零六座雕像，其中有著名雕塑家瓦圖（Watteau）那二十座法國皇后與貴婦系列，每人的神態和故事就會使你看上老半天。不過在這些優美的線條間，我總是不禁想到深宮中無完盡的陰暗勾心鬥角，就越是感到「所羅門王和他的榮華，不及田裏的百合花。」

盧森堡公園總是遊人熱鬧，是城中消閒一個好去處，巴黎人和遊客擦肩而過。誰會想到法國大革命時這兒曾被用作監獄，囚禁過不少重要的政治人物？而二次大戰德軍佔領期間被用作駐軍地，四面圍着鋒刺鐵絲網。血的痕跡早已淡去，今天就是今天。音樂亭中常有免費音樂會，那個圓大的噴水池和在水上繽紛飄浮的小木風帆，在傅雷、巴金等筆下都有出現。現在各小木船都以一個國家命名，你可以選擇一艘，用長桿把它推送到湖中央，任由風把它送遠帶近，與電動搖控完全是兩回事。不但孩子，不少成人都被吸引，在急促的生活節奏間容下一陣子優悠。這兒曾留下了差不多所有中外留學生和年輕作家藝術家的足跡，海明威常餓着肚子走過，李金髮每週都來參觀美術品，據邵洵美回憶，「天狗會」的大本營就在這公園前門的「別離」咖啡館。

落花猶似墜樓人

～～～～～～～

　　從公園東門出，越過聖米修大道，便望到帶着希臘氣息和新古典風格的莊嚴「先賢祠」。這便是聖珍尼花山，她是巴黎的守護聖人。附近是一束窄小的街道，笛卡兒路（Rue Descartes）三十九號魏倫去世的故居已成為了一所燭光搖曳的溫馨小餐館，沒有多少人想到他沉鬱的詩，及與蘭波那段雷電交加的情與恨。附近雷曼主教街七十四號海明威曾租了此屋的閣樓為寫作之用，他在一九二六年離開，巴金二七年初到巴黎時住在離此幾步之遙的 Rue Tournefort（意思是「急轉彎」）二號，差了一點，便沒有一個照面的緣分。就在巴金住處不遠的轉角處便是一條短短的亞米育街（Rue Amyot）。他有否經過這兒？可知道才七年前在此發生的那個淒厲的悲劇？每當我經過此街 8bis 號門前，在十分寧靜安祥的氣氛中，心中總仍戚然。誰會記起當年那個絕望的女子？一九二〇年一月廿四日，三十六歲的莫特格里安尼在貧病交迫中去世。翌日，他那個懷着九個月身孕的妻子從五樓躍下。珍・夏布頓那時才廿二歲，落花猶似墜樓人。她以身殉情，留下一個孤女由家人撫養。街道上不留痕跡，但沁着不知多少可歌可泣的故事。當年莫帶病捧着畫作，到咖啡店中逐桌兜售都無人理睬，現在價值連城，也真諷刺。

索邦文學院

———— ✦ ————

　　然後又往下走，來到學院路上索邦文學院（La Sorbonne）的正門。自一二五七年成立以來，經歷了無數變遷，一九六八年以後更數次成為學生運動的激烈場所。古式古香的宏偉學院大樓中有個巨型半月型劇場，常有音樂會和各種表演，我們不時來參加。走在莊穆的長廊中，難免想到朱自清、梁宗岱、羅大剛、李建吾、李璜、袁昌英、馮沅君、陸侃如等等，都曾在此度過學生歲月，替中法文化花木散播了深遠的種子，其中不少豐富成果。如梁宗岱的高足劉志俠、盧嵐，這兩位文學、翻譯家便成績卓然。稍後，錢鍾書於一九三七從牛津到此一年，進修法國文學。楊絳在《我們仨》中提到一個有趣的細節：他們帶着三個多月大的女兒，抵岸時海關人員爭着看中國娃娃，行李全不檢查便通過了！而錢的代表作《圍城》一書書名便是源自一句法國格言，「婚姻就像一座圍城，裏面的人想出去，外面的人想進來。」

文化八陣圖

拉丁區有好些充滿人情味的地方，如一些專題咖啡店，供志同道合的人相聚交流。有各種書迷會，如「蘭波之友」，或是「布魯斯特之友」，人們相聚，就圍繞着《回憶逝水年華》年復年地談論。雖然文化行業受到重重威脅，但仍有些痴人堅守着一些小書店、創意小物品店、咖啡小劇場等個性小天地。

繞了這麼一個大圈，又回到河邊了。有泊在岸邊的平底船改為小型音樂廳，在船上聽音樂，圓圓的船窗外是柔靜的河，琴聲在水波上飄過，宛在水中央。

我在一首題為〈夢特貝露堤上〉的小詩，寫道：

「……日子流，人們流

塞納河漠然不回頭

都是不同的面孔

卻是相同的蜃樓……」

16

馬賽
東方門

馬賽的山頂教堂尖端高立着「守護聖母」像，她抱着嬰兒耶穌，俯視大海，保佑眾生。海員和漁夫在波浪上遠遠望到，便知道接近家園了。教堂內，牆上滿是風浪中獲救的人還願而立的感恩石牌。

　　二十年代初赴法的中國留學生，只有少部分取道陸路經西伯利亞，而多是走海路。主要是從上海出發，經香港、西貢、印度洋，橫越太平洋，繞過沙地亞拉伯南部，從紅海北上經蘇彝士運河進地中海、波賽特，最終達到目的地。萬水千山路，孤舟幾月程。看到山頂高立的雕像漸接近時，可能錯覺是觀音在迎接呢！但看到陌生的城市面貌，便知道一段新的歷險即將啟幕了。所以他們的口中，除了巴黎，最多提到的便是這個有「東方門」之稱，希臘人在公元前六百年便設立的法國南岸古城。「如今／無定的行旅已經把我拋到這／陌生的海角的邊灘上了。」「這陌生的城市裏／快樂和悲哀／都同樣地感到單調又孤獨！」艾青這樣寫馬賽，反映了當年大部分遊子的心聲。

　　雖然現代大多數旅客都乘飛機，但城西的大港口繼續是非常繁盛的貨港，更發展為豪華郵輪集中地。走在熱鬧的碼頭上，難以想像百年前，這兒曾擠着風浪煎熬後初抵步，或是苦樂經歷後離去的東方遊子，彷彿空氣中都冒着酸甜苦辣。現在，熙來攘往的人羣中也有許多東方面孔，卻是乘飛機而來參加地中海豪華船遊的度假客。他們面向如浮動藍寶石的遼闊水波，只見到沿海各國的名勝古跡在招手，還有船上豐富大餐、多姿娛樂、閃爍晚會……都是享受不盡的人間

美宴。沒有人會煞風景地提到，近年來很多非洲難民要逃往歐洲，無數超載船隻沉沒，這兒被稱作全世界最大的墳場。

　　艾青滿胸憤世嫉俗，以如火焰的文字形容馬賽：廠房的煙囪是「你這為資本所奸淫了的女子！」；從廠旁輸出的裝貨麻袋是「像肺結核病患者的灰色的痰」；大郵輪是「世界上最堂皇的綁匪！」他曾說：「〈馬賽〉一詩是反對帝國主義的。」同一個地方，在不同的人眼中，會有各異的面貌。

舊港。（攝影：梁健榮）

舊港，夢的選擇

讓我們從另一個角度看這城市。巨大的海港是馬賽的脈搏，而小小舊港，是城市的心魂。它離熱鬧的市中心不遠，而有本身另一番熱鬧，撲面是帶鹹味的海風，泊滿遊艇和漁船，密密的桅桿白柱子像叢林般隨微波輕輕搖動。小渡輪悠悠往還，市集上有漁販售賣剛網到的魚，食肆雲集，附近都成為半行人區，熱鬧到深夜。

外子在馬賽出生，十四歲時才離開，回來時難免處處勾起童年回憶。而我要尋找的，除了當年東方學子的隱約氣色，亦有一個關於夢的選擇的故事。差不多同一時期的作家巴諾爾（Marcel Pagnol（1897—1994）），最著名的劇本「馬賽三部曲」的背景是舊港。通過咖啡店店主的兒子與賣魚婦的女兒曲折的戀愛，寫夢的追尋與失落，在法國和美國都已拍成電影。巴諾爾的作品都是以法國南部普羅旺斯區作背景，帶着強烈的地方色彩，描述當地小人物的遭遇和命運，充滿了人情味，而往往超越了地區性，表達了共通的人間努力與無奈。

從舊港有旅遊小船送遊人去海面不遠處的葉夫堡（Château d'If），大仲馬那本家傳戶曉的《基度山恩仇記》的主角，據說就是在此被囚了十四年，逃脫後化名為基度山伯爵，進行一連串緊張驚險的報恩和復仇。明知這是個故事，也忍不着坐上小船，在海鷗相伴間踏上小島，參觀那不見天

日的黑牢。縱使沒有如此曲折的故事在此發坐過，也定曾經
囚禁過不少人，暗暗使人驚悸。小船還可載人到其他小島和
有名的陡峭狹海灣，是險峻的奇景，為行山者所愛。

城中風味

━━━━━━━ ⟨∽ᗡᣗᕉ∽⟩ ━━━━━━━

　　以前的馬賽可說是髒名遠播，港口來往人多，加上大量
北非移民，龍蛇混雜，犯罪率高。雖是法國第二大城，到普
羅旺斯度假的人都不多踏足此地。現在犯罪率雖仍是全法排
名第二，僅在巴黎之後，但已改頭換面，比以前清潔得多，
城市在各方面都作了使人刮目相看的進展。魚市場已改為劇
院，破舊的古救濟院也已成為莊麗的博物美術館。二〇一三
年被選為該年度的歐洲文化首都的同時，設計現代的「歐洲
與地中海文化博物館」啟幕。這新潮的文化中心與古老的聖
維多教堂各在舊港一邊，歷史與現代隔水相望，像是聯手守
衛這城市的心魂，讓它漸漸吐氣揚眉。

　　城中吸引遊人的除了拜尖庭式主教堂，還有宏偉的
朗尚宮（Longchamps）、富波希米亞味道的潘尼區（Le
Panier）、購物街聖菲里奧（Rue St. Ferréol）等等。聖查理
火車站居高臨下俯視雅典路，當年東方學子下船後不久，便
在此乘火車到被分派的落腳地。

羅曼拜尖庭風格大教堂。（攝影：Raymond QUINTRAND）

普羅旺斯的美與苦

來到馬賽，當然要到普羅旺斯逛逛。一提起這個名字，就使人想到遼闊的薰衣草田、葡萄園、橄欖林，陽光碧海、蟬鳴如雷⋯⋯都是強烈的色彩。從阿爾卑斯山南麓，漸漸下到平地，再伸延至地中海，遍佈白石紅瓦頂的古城老村。康城以北的格斯鎮（Grasse）因附近繁花盛放，成為著名的「香水城」，詭異小說《香水》和拍成的電影便以此處為背景，到處是美景。

但是其實普羅旺斯也有窮山惡水的一面，大自然對人滿

設計新穎的歐洲與地中海文化博物館。（攝影：M. Dujardin）

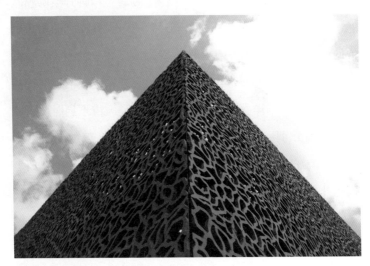

設計新穎的歐洲與地中海文化博物館。（攝影：Raymond QUINTRAND）

懷敵意。山石嶙峋，像被烤煎的乾瘠土地，更常受山火威脅。這是巴諾爾很多作品的背景，《山丘之水》描述得最為深刻。圍繞着旱和水的主題，寫兩代間的恩怨和命運無情的惡作劇，高潮迭起，真有點希臘悲劇的韻味。被視為法國當代鄉土文學的代表作，被搬了上銀幕。一九八九年，劉志俠與盧嵐合作的《山丘之水》中譯十分精彩。除了寫作，巴諾爾亦拍了不少電影，其中著名的有《新生》、《麵包師的妻子》等，則是改編自另一位普羅旺斯名作家治安奴（Giono）的作品，也是我十分喜愛的。

亞爾（Arles）城中到處是羅馬遺跡，有個競技場，至今仍用作各種活動。我第一次看鬥牛便是在這兒，更不免想到千多二千年前，人們看的不是鬥牛，而是格鬥士，人與人互相打殺，不是你死便是我亡。想像全場觀眾精神升至沸騰狀態，高嘶如戰鼓般激發格鬥士殘殺對方，人性深處的嗜血獸性使人毛骨悚然。後來在一間小餐館，見有公牛肉餐。本有些反胃，但敵不過好奇，仍是嘗了。原來在這一帶是很普通的，用紅酒小紫洋蔥紅蘿蔔。如果不知道，嘗不到與普通燜牛肉有何分別。牠生前受到很好的待遇，在草地上自由奔跑，吃最好的飼料，原來主人處心積慮，都是為了牠在披上嬌麗外衣的死刑時有最佳表現。被刺斃後被兩匹馬牽着繞場三圈，人們的掌聲呼嘶更熱烈。最終，肉又可吃，對人類也鞠躬盡瘁了。

臨別馬賽

回說當年的中國詩人，艾青寫道：「馬賽！／當我臨走時／我高呼着你的名字！……依戀地／不忍捨去地看着你……你是掠奪和剝削的贓庫……馬賽啊！你這盜匪的故鄉／可怕的城市！」詩人曾說：「我愛的是自由的、藝術的、有着《馬賽曲》光榮歷史的歐羅巴，反對和否定的是帝國主義的歐羅巴。」其實他攻擊的是整個資本主義社會，根本不單是馬賽。

而徐志摩雖迷醉於法國文化的多姿，但亦寫社會黑暗面：「……馬賽，你慘淡的神情／倍增了我別離的幽感／別離歐土的愴心／我愛歐化／然我不戀歐洲……」「在繁華聲色場中／有夢亦多恐怖……又似身在咖啡夜館中／煙霧裏酒香袂影／笑語微聞／場中有裸女作猥舞……百年來野心迷夢，已教大戰血潮沖破／如今淒惶遍地，獸性橫行……」其實也差不多是所有大都會的面貌。

當年絡驛的學子，每人有不同的經歷，而相同的是從此在生命上鑄下一道永不磨滅的留痕，甚至改變了人生的底色。離去時，看着山上聖母像慢慢遠去、消失，替這段特別的旅程劃下句號。

馬賽與上海在一九八七年結為姊妹城，百年來改變了很多，只有這個聖母像沒變，看盡時代風浪。